DIREITO
DO CONTENCIOSO ADMINISTRATIVO
ANGOLANO

CREMILDO PACA
Assistente da Faculdade de Direito
da Universidade Agostinho Neto

DIREITO DO CONTENCIOSO ADMINISTRATIVO ANGOLANO

4.ª Reimpressão da edição de Novembro de 2008

DIREITO DO CONTENCIOSO ADMINISTRATIVO ANGOLANO

AUTOR
CREMILDO PACA

EDITOR
EDIÇÕES ALMEDINA, SA
Rua Fernandes Tomás, 76-80
3000-167 Coimbra
Tel.: 239 851 904
Fax: 239 851 901
www.almedina.net
editora@almedina.net

IMPRESSÃO | ACABAMENTO
DPS - DIGITAL PRINTING SERVICES, LDA

Setembro, 2014

DEPÓSITO LEGAL
283638/08

Os dados e as opiniões inseridos na presente publicação
são da exclusiva responsabilidade do(s) seu(s) autor(es).

Toda a reprodução desta obra, por fotocópia ou outro qualquer
processo, sem prévia autorização escrita do Editor, é ilícita
e passível de procedimento judicial contra o infractor.

Biblioteca Nacional de Portugal – Catalogação na Publicação

PACA, Cremildo

Direito do contencioso administrativo angolano. – (Estudos
de direito africano)

ISBN 978-972-40-3551-2

CDU   342
      351

PREFÁCIO

1. O Dr. Cremildo Paca tem dedicado às matérias do Direito Administrativo e do Direito Processual Administrativo muito do seu infatigável labor científico e académico.

As presentes Lições de Direito do Contencioso Administrativo são exemplo sugestivo desse labor, atestando pesquisa, preocupação de recenseamento das questões essenciais, desejo de actualização, realismo na ponderação dos desafios colocados ao ordenamento jurídico angolano, e, não menos do que tudo isto, qualidade pedagógica (tanto na arrumação dos temas como na clareza da sua abordagem).

2. É, pois, bem-vinda a publicação destas lições, além do mais pioneiras e promissoras.

Promissoras, digo, já que o seu autor conclui, brevemente, o seu mestrado em Ciências Jurídico-Políticas, oportunidade propícia para a confirmação das expectativas suscitadas e que merecem uma adequada sequência científica. Assim ela se venha a concretizar – é o meu sincero voto.

3. Finalmente, uma palavra é devida ao empenho de quantos tornaram possível esta edição, no quadro da Cooperação Jurídica entre a Faculdade de Direito da Universidade de Lisboa e a Faculdade de Direito da Universidade Agostinho Neto. A todos agradeço na pessoa do Professor Doutor Manuel Januário da Costa Gomes, que tanto desvelo colocou nesta como em inúmeras outras publicações.

Lisboa, 25 de Abril de 2008

Marcelo Rebelo de Sousa

NOTA PRÉVIA

Se tudo na vida tem a sua história, naturalmente esta obra também tem: após prestar serviço como Monitor durante três anos na Universidade pública, o ano da graduação coincidiu com o convite para prestar assistência em Direito Administrativo na Universidade Lusíada de Angola. Entretanto, no ano seguinte, fui incumbido da tarefa de leccionar as matérias desta disciplina.

Nessa altura, decidi redigir algumas notas, de modo que servissem de apoio aos alunos. Por isso, o presente livro corresponde, no essencial, às matérias leccionadas naquela instituição, nos anos lectivos de 2005/06 e 2006/07.

A sua publicação tem objectivos meramente didácticos. Não é, certamente, o trabalho que gostaria que fosse, pela natural e inevitável incompletude. Tem, contudo, que haver um ponto de partida.

Este livro tem por objecto o estudo do processo em matéria administrativa, razão porque o direito positivo tem uma referência incontornável, embora isso não signifique o afastamento de algumas lucubrações teóricas, no âmbito ou para além do direito legislado.

Apesar de ter a convicção de que as palavras nem sempre conseguem traduzir tudo, deixo, ainda assim, o meu reconhecimento público relativamente ao papel e à influência, que receio nunca conseguir retribuir, exercidos pelo Professor Carlos Feijó, pelo exemplo de academia e solicitude desde sempre demonstrados. Será justo recordá-lo, foi com o Professor Carlos Feijó que comecei a dedicar-me ao Direito Administrativo substantivo e adjectivo, primeiro como aluno e mais tarde como seu Assistente nesta disciplina.

Também deixo expresso os meus agradecimentos ao Professor Virgílio de Fontes Pereira, de quem fui aluno e Assistente de Direito Administrativo, por tudo aquilo que representa para mim na academia e mais tarde na vida profissional, curiosamente numa área da administração pública que foi tema da sua dissertação de mestrado: o poder local.

Com este trabalho, faço, também, o meu reconhecimento ao primeiro Professor angolano de Direito Administrativo, cujo magistério marcou a viragem do ensino do Direito Administrativo em Angola: o Professor António Pitra Neto, pelo exemplo de rigor académico e técnico e pelo incentivo dado.

Os meus agradecimentos são extensivos à Direcção da Faculdade de Direito da Universidade Agostinho Neto, pelo apoio.

Ao Professor Doutor Marcelo Rebelo de Sousa manifesto os meus agradecimentos pela orientação científica e estímulo dado.

Aos Professores Doutores Eduardo Vera-Cruz Pinto e Fernando Loureiro Bastos, da Faculdade de Direito da Universidade de Lisboa, os meus agradecimentos pelos conselhos e apoio.

Manifesto vivamente os meus agradecimentos aos Professores Doutores Dário Moura Vicente e Manuel Januário da Costa Gomes, Director do Instituto de Cooperação Jurídica e Coordenador da Colecção Estudos de Direito Africano da Faculdade de Direito de Lisboa, respectivamente, pelo apoio e empenho na publicação deste livro.

Agradeço, também, ao Dr. Edilson Paulo Agostinho, na altura estudante, por, mais tarde, me ter auxiliado na reestruturação de conteúdos específicos já escritos.

Aos meus mais próximos, minha família em especial, estimo o vosso amparo espiritual. Quando os outros não estão, vocês estão!

Cremildo Paca

"Il est vrai que le contentieux est l'aspect pathologique de l'activité administrative".

Charles Debbach e Jean-Claude Ricci, Contentieux Administratif, 7.ª Edição, Dalloz, Paris, 2001, p. 1.

N'kosi Sikeleli Angola.

In memoriam de
Constância André *(mãe),*
... por tudo que me deste; e
por tudo o que não pude dar...

ABREVIATURAS

Ac	– Acórdão
AAVV	– Vários autores
al.	– alínea
C. C	– Código Civil
Coord.	– Coordenação
CPA	– Código de Processo Administrativo
CPC	– Código de Processo Civil
Ed.	– Edição
et al.	– e outros
i. é	– isto é
LC	– Lei Constitucional
LIAA	– Lei de impugnação dos actos administrativos
op. cit.	– obra citada
org.	– organização
p.	– página
pp.	– páginas
P M	– Primeiro Ministro
P R	– Presidente da República
RJ	– Rio de Janeiro
SP	– São Paulo
ss.	– seguintes
UAN	– Universidade Agostinho Neto
v. g.	– *verbi gratia*
Vol.	– Volume

PARTE I

CAPÍTULO I
Direito do Contencioso Administrativo

1. Direito do Contencioso Administrativo

1.1. *Noção*

A essencialidade do estudo relativo a matérias de Direito do Contencioso Administrativo está ligada à ideia de limitação do poder administrativo[1]. A limitação decorre da manifestação do princípio da *juridicidade*[2] administrativa como critério, limite e fundamento do exercício do poder administrativo[3]. Por isso, este princípio informa e irradia toda a actuação dos órgãos administrativos e a ordem jurídica em geral.

O Direito do Contencioso Administrativo vem a ser o ramo do Direito que materializa as garantias dos particulares, violadas pelo excesso do exercício do poder administrativo. Assegura um efeito prático e densifica o conteúdo do comando constitucional previsto no artigo 43.º.

É através do Direito do Contencioso Administrativo que os particulares acedem aos tribunais, em matéria de actuação administrativa, com a

---

[1] Faz sentido que, nos termos da al. b) do artigo 54.º da Lei Constitucional e do n.º 2 do artigo 1.º da Lei 17/90, *os órgãos e agentes administrativos estejam subordinados à Lei.*

[2] Para mais desenvolvimento, *vide* PAULO OTERO, *Legalidade e Administração Pública – O Sentido da Vinculação Administrativa à Juridicidade*, Almedina, 2003; SÉRVULO CORREIA, *Legalidade e Autonomia Contratual nos Contratos Administrativos*, Coimbra, 1987, pp. 17 a 340.

[3] MARCELO REBELO DE SOUSA e ANDRÉ SALGADO DE MATOS, *Direito Administrativo Geral – Introdução e Princípios Fundamentais*, Tomo I, Dom Quixote, 2004, p. 153, quanto ao princípio da juridicidade da actividade administrativa, salientam que "mais relevantes do ponto de vista das relações entre a Administração e os particulares são os princípios que visam garantir a conformidade da actividade administrativa com o direito".

finalidade de sindicar, impugnar, contestar ou atacar uma decisão administrativa, considerada lesiva dos seus direitos e interesses legalmente protegidos.

Sem este ramo do Direito, ficaríamos, apenas, com a noção da actuação da Administração, ostentando o seu poder administrativo, através da possibilidade que as autoridades administrativas têm de impor as suas ordens e os seus comandos, de determinar os seus efeitos, praticar actos administrativos e produzir regulamentos administrativos, celebrar contratos administrativos e praticar um conjunto de operações materiais ou o exercício de actividade técnica.

Mas, a realidade prática bem demonstra que, bastas vezes, tais órgãos administrativos actuam abusando e extravasando o âmbito da lei, ora lesando direitos e interesses legítimos dos particulares, ora não agindo, quando, na verdade, deviam. Perante esta actuação administrativa patológica, torna-se necessário que aos particulares se confiram mecanismos ou instrumentos jurídicos para se defenderem do exercício do poder administrativo.

Por força do princípio da limitação do exercício de poder, é natural que a ordem jurídica angolana consagre instrumentos de protecção perante actos considerados ilegais e lesivos de direitos e interesses legalmente protegidos. Claro que estes instrumentos se cristalizam no quadro do Direito do Contencioso Administrativo, que estabelece o modo de efectivação dos meios de reacção que são postos à disposição dos particulares para se defenderem da actividade, acção ou inacção exercida pelo poder administrativo, qualquer que ele seja, quer em matéria subjectiva, quer em matéria objectiva. De uma forma geral, o Direito do Contencioso Administrativo tem por objecto o estudo das garantias dos particulares. Em especial, incide sobre o modo como se realiza o Direito Administrativo nos tribunais.

Contudo, uma referência deve ser feita: a ideia de garantias dos particulares apontada, ainda não é suficiente para uma visão global daquilo que a ordem jurídica coloca ou disponibiliza aos particulares. As garantias jurídicas à disposição dos particulares estão para lá do mero âmbito administrativo. Transcendem o mero domínio administrativo. Efectivamente, têm de ser enquadradas num sistema unitário, de forma a poder-se aferir como é que elas se apresentam na ordem jurídica e que garantias são essas. A este propósito, as garantias dos particulares no Direito do Contencioso Administrativo, no quadro da ordem jurídica global, nem sequer são as únicas, uma vez que se estudam garantias noutros ramos do Direito[4]. Existem em qualquer ramo do Direito, sempre que haja uma relação entre o Estado, os seus órgãos e os particulares. Na relação entre o poder e os particulares tem necessariamente de haver garantias que visem, de certa forma, limitar o exercício de quem dispõe do poder de decidir e praticar actos de natureza pública.

Elas servem de meios de defesa da *legalidade objectiva*, evitando que haja ou ocorra ilegalidade dentro da própria Administração Pública, ainda que os particulares não sejam directamente atingidos[5], bem como servem, igualmente, para defenderem especificamente a posição dos particulares, quando são atingidos os seus direitos ou interesses por actos ou manifestações do poder administrativo – *ilegalidade subjectiva*[6].

Essas garantias podem ser de variadíssima natureza, mas interessam-nos as garantias administrativas e contenciosas.

2. Garantias administrativas ou procedimentais

As garantias do tipo procedimentais têm que ver com a possibilidade de os particulares defenderem os seus direitos e interesses perante a própria Administração Pública, perante as entidades e os órgãos que têm poder administrativo e que o exercem.

Significa que, uma vez mobilizadas, elas se efectivam através da intervenção da própria Administração Pública, no seu conjunto.

Também designadas por garantias do procedimento administrativo, traduzem a ideia de que, no seio da própria Administração, os particulares podem defender-se face ao funcionamento patológico da Administração.

---

[4] Basta lembrar, a título de exemplo, as garantias fiscais, penais, económicas, etc. Em processo penal, a propósito, fala-se também em garantias do arguido.

[5] É o caso de um acto administrativo praticado por um órgão com base no vício de incompetência. A incompetência é uma ilegalidade administrativa, mas, não poucas vezes, esse vício não se repercute directamente na esfera jurídica dos particulares, sobretudo se for um acto administrativo interno; aí, os particulares, os seus direitos e interesses, rigorosamente, não são violados. É, apenas, uma ilegalidade objectiva e diz unicamente respeito às relações dos órgãos da Administração.

[6] Ao contrário da ilegalidade objectiva, aqui já estamos diante de um acto administrativo ilegal em que há, efectivamente, a violação directa de interesses e direitos do particular.

Sendo que a Administração amiúde pratica actos que lesam direitos e interesses dos particulares, a ordem jurídica coloca instrumentos de defesa aos lesados perante quem tem poderes de dar ordens, corrigir e alterar as decisões anteriormente tomadas e, deste modo, as suas pretensões virem, eventualmente, a ser satisfeitas com a correcção ou a revogação de tais actos que tenham sido praticados. No fundo, esta é a razão de ser das garantias procedimentais ou administrativas. Elas podem ser escalonodas em *petitórias* e *impugnatórias*.

2.1. *Garantias petitórias*[7]

As garantias petitórias são aquelas que não pressupõem a existência de um acto administrativo prévio que o particular impugna ou contesta, mas que se destinam a levar ao conhecimento da Administração Pública uma pretensão, uma vontade dos particulares.

Uma vez desencadeadas, apenas corporizam um pedido, um facto ou uma situação que os particulares queiram levar ao conhecimento da Administração e incluem:

a) *O direito de petição,* que se traduz no pedido feito à Administração, no sentido de praticar um certo acto; ou, como define João Caupers[8], *"a faculdade de solicitar aos órgãos da Administração Pública providências que se consideram necessárias".*

b) *O direito de representação administrativa* ocorre também antes da prática do acto, nos casos em que o subalterno alerta o órgão administrativo relativamente à possibilidade de tal prática vir a configurar um acto ilegal ou ilícito.

Simplesmente, o inferior hierárquico manifesta uma dificuldade de cumprir ou executar uma decisão de duvidosa legalidade ou licitude, ou mesmo oportunidade.

---

[7] Nesta matéria, apesar de discordarmos da sistematização feita pelo Prof. Freitas do Amaral, sobretudo a inclusão da queixa para o Provedor de Justiça nesta categoria, uma vez que entendemos que ela tanto pode ser accionada antes da prática do acto como depois, no essencial, seguimos a sua sistematização; cfr. Freitas do Amaral – *Direito Administrativo,* Vol. IV, Lisboa, 1988. Aliás, a experiência diz-nos que os cidadãos procuram aqueles serviços quando há prévia actuação danosa da Administração.

[8] João Caupers, *Introdução ao Direito Administrativo,* 8ª Edição, Âncora Editora, 2005, p. 261.

Nesta circunstância, se o subalterno tiver dúvidas sobre os contornos ou consequências da prática de certo acto que foi mandado pelo superior hierárquico, pode exercer o direito de representação, pedindo instruções ao superior ou ainda solicitando-lhe que confirme o próprio acto, por forma a isentá-lo de responsabilidade disciplinar pela prática de um acto que, eventualmente, seja ilegal.

O direito de representação administrativa é também entendido como uma manifestação de delicadeza do inferior perante o superior, com vista a alertar sobre determinadas consequências jurídicas que poderão advir do seu acto. Na sua essência, é uma forma de alertar ou prevenir a Administração Pública quanto aos efeitos legais da prática de um dado acto.

c) *O direito de queixa* respeita à circunstância de alguém tomar conhecimento de um facto ou situação e levar ao conhecimento do órgão que tem poderes para apurar a responsabilidade disciplinar do funcionário ou agente da Administração.

Com a queixa, promove-se a abertura de um processo disciplinar, com vista à aplicação de uma sanção a um funcionário ou agente da Administração Pública. A queixa tem em vista uma acção em concreto, é individual e feita pelo próprio lesado. Quando alguém é lesado por uma conduta de um funcionário ou agente da Administração, pode exercer esse direito, queixando-se do facto. Naturalmente, o órgão com competência disciplinar desencadeará um processo que pode culminar com a aplicação de uma pena disciplinar.

d) *O direito de denúncia* é mais lato e, por seu turno, consiste no direito de o particular levar a uma autoridade pública o conhecimento ou a ocorrência de um facto. Perante uma denúncia, a autoridade da Administração tem a obrigação ou o dever de investigar e apurar a veracidade da denúncia. Não poucas vezes, essa actividade de investigação é exercida por *dever de ofício* – dever de agir diante de uma ocorrência.

Pode configurar-se, por um lado, um indício de facto ilícito, uma suspeita da prática do acto ilícito e ilegal, sem que, para tal, tenha havido propriamente actos ou actividades ilícitos ou ilegais. Basta que se denuncie, sem que isso signifique ou represente a indicação concreta de uma pessoa que seja faltosa ou autor desse acto, além de que, no direito de denúncia, não tem que ser ela a ser atingida pela conduta ilícita.

Pode ser feita, por outro lado, por um terceiro e não representar, em si, a violação directa, imediata ou concreta do direito da pessoa que denuncia a ocorrência de um facto. Portanto, toda a queixa é uma denúncia individualizada, mas, nem toda a denúncia é uma queixa[9].

e) *O direito de oposição administrativa* é também exercido pelos particulares, junto da Administração Pública, sendo definido como *"a faculdade de contestar uma decisão que um órgão da Administração Pública projecta tomar, seja por sua iniciativa, seja dando satisfação a pedidos* que *lhe tenham sido dirigidos por particulares"[10].*

O direito de oposição administrativa caracteriza-se, fundamentalmente, pela possibilidade de os particulares levarem ao conhecimento da Administração um conjunto de considerações sobre actos que a Administração pretende praticar.

No direito de oposição administrativa não há, em boa verdade, a prática prévia de um acto, mas reconhece-se ao particular o direito de protestar contra determinado tipo de decisão que um órgão da Administração Pública tome (ou pretenda tomar).

Os particulares não contestam directamente os actos da Administração, pois se o fizessem ou se quisessem contestar, já não seria uma garantia petitória, mas sim impugnatória.

O que os particulares fazem é dizer à Administração Pública que, por exemplo, não concordam com um projecto de regulamento que está em elaboração, ou que não concordam com o plano de loteamento urbano que está em preparação, ou que não concordam com um determinado projecto a ser executado e, antes da decisão final, a Administração Pública leva ao conhecimento das pessoas interessadas os contornos prováveis de uma decisão a tomar.

---

[9] No mesmo sentido, vide FREITAS DO AMARAL, *Direito Administrativo*, Vol. IV, Lisboa, 1988, p. 22.

[10] JOÃO CAUPERS, *ibidem.*

Em consequência, e por força deste direito, os particulares exercem-no, discordando daquela *futura* e *hipotética* decisão e, deste modo, podem persuadir ou influenciar a Administração Pública a não tomar a decisão.

No fundo, o que se pretende antes da tomada da decisão é que os particulares se pronunciem sobre as virtualidades, mérito ou demérito da solução da Administração Pública[11]. Na eventualidade de os argumentos serem fortes, podem, de certa maneira, fazer com que a Administração mude de posição, reveja a decisão ou o projecto a ser executado[12].

2.2. *Garantias impugnatórias*

Se nas garantias petitórias ainda não estamos diante dum *facere*, dum acto administrativo, pelo contrário, aqui já existe uma acção ou omissão, uma decisão administrativa, perante a qual o particular reage, pedindo a reapreciação, uma nova valoração factual e/ou jurídica dessa decisão administrativa.

As garantias administrativas impugnatórias podem definir-se como meios de impugnação de actos administrativos, perante autoridades da própria Administração Pública.

Efectivam-se na órbita de actuação dos próprios órgãos da Administração[13]. Dentro da Administração Pública são institucionalizados mecanismos de controlo da sua actividade. Basicamente, a existência de instrumentos normativos de controlo da conformação da sua actividade com o

---

[11] Pode ver-se a manifestação legal deste direito no n.° 2 do artigo 28.° do Decreto-Lei 16-A/99, de 15 de Dezembro, ao proclamar que se *"consideram ainda dotados de legitimidade para a protecção de interesses difusos os cidadãos a quem a actuação administrativa provoque ou possa previsivelmente provocar prejuízos relevantes em bens fundamentais como, entre outros, a saúde pública, a habitação, a educação, o património cultural, o ambiente, o ordenamento do território e a qualidade de vida"*.

[12] Em Angola, pode ter-se como exemplo o "Projecto Baia", que visava a alteração profunda da Baia de Luanda. Antes da execução do projecto, o Governo anunciou a sua intenção de levar em diante o referido projecto, porém os cidadãos, individualmente ou colectivamente, manifestaram vigorosamente a sua oposição ao projecto, com o argumento de que, a acontecer nos termos propostos, iria descaracterizar a Baia de Luanda, ao que o Governo cedeu, alterando, por conseguinte, o projecto inicial.

[13] Os chamados *"recursos administrativos"* na linguagem de RAMÓN MARTÍN MATEO, *Manual de Derecho Administrativo*, 23ª Edição, Thomson – Aranzadi, 2004, p. 309 e *"recours administratifs"* em DOMINIQUE TURPIN, *Contentieux Administratif*, Hachette, 1994, p. 9.

primado da legalidade e jurisdicidade, dentro da própria Administração Pública, configura o chamado *auto-controlo*[14].

É paradigmático o caso de o superior hierárquico, para defender o interesse público e a boa administração, no âmbito dos seus poderes, revogar os actos praticados pelo seu subalterno, ou ainda porque não permitir a um particular que se dirija ao superior hierárquico de um órgão subalterno que tenha praticado um acto administrativo, solicitando-lhe que exerça os seus poderes de direcção para proteger um direito subjectivo ou um interesse legítimo do particular, porventura ofendido pelo acto do subalterno. A propósito, dispõe o artigo 100.° das Normas de Procedimento e da Actividade Administrativa, do Decreto-Lei 16-A/95, de 15 de Dezembro, que *"aos particulares assiste o direito de solicitar a revogação ou a modificação dos actos administrativos"*. A razão deste articulado reside, essencialmente, na possibilidade de a Administração rever a sua decisão, rectificando, alterando, revogando ou substituindo-a por outra.

2.2.1. A reclamação

I. A reclamação traduz um modo de reacção do particular, pedindo a reapreciação ao próprio autor do acto (artigo 9.° al. a) da Lei 2/94). Este instrumento de defesa caracteriza-se por consubstanciar um pedido de reapreciação do acto dirigido ao respectivo autor. Deste modo, reclamar é dirigir um pedido, uma contestação ao órgão do qual dimana o acto, objecto de impugnação, de modo que o possa modificar ou revogar. Ela preconiza uma nova valoração da decisão, efectuada contra o próprio autor do acto, de forma a convencê-lo de que a decisão foi mal tomada ou, quando muito, face ao novo juízo de valor, poder, enfim, alterar a decisão. Há, na literatura jurídica, um axioma que traduz bem essa realidade: *"apelar de Roma mal informada para Roma melhor informada"*, traduzindo a ideia de que, no Direito Eclesiástico, o Papa podia ter tomado uma decisão sobre fun-

---

[14] Cfr. CARLOS FEIJÓ e CREMILDO PACA, *Direito Administrativo – Introdução e Organização Administrativa*, Vol. I, Lusíada, 2005, p. 23, para quem *"o controlo da actuação obedece a meios de análise e verificação da actuação administrativa, para efeitos de conformação com os ditames legais"*.

damentos insuficientes ou mesmo errados, mas que, uma vez esclarecido, mudaria de atitude ou de decisão[15].

A reclamação vem a ser o pedido de impugnação de um acto administrativo que se considera ilegal ou lesivo de direitos ou interesses particulares, dirigido ao órgão que o praticou. O seu fundamento reside na circunstância de que, em geral, quem praticou um acto pode reconsiderar a sua tomada de posição e revogá-lo. É de ver que, "partindo do princípio de que a autoridade autora do acto impugnado tem o poder de o revogar, retractando-se, o interessado expõe-lhe as razões porque não se conforma com a decisão tomada ou com o procedimento adoptado, solicitando-lhe que, em presença dessas razões de facto ou de direito, reconsidere"[16].

Apesar disso, este procedimento é pouco eficaz, uma vez que o autor da decisão administrativa não está obrigado a voltar atrás e tomar uma posição contrária à primeira, para além de que o autor do acto já conhece os argumentos dos particulares. E nos casos em que exista audiência prévia, aquilo que o particular irá dizer, no âmbito da reclamação, já o disse no momento da audiência prévia.

Por este facto, entende-se que a reclamação tem poucos resultados eficazes, isto é, dificilmente procede, por duas razões:

a) Uma, de *natureza estrutural*, que diz respeito à relação entre a Administração e o particular no procedimento administrativo. Geralmente, na reclamação não são aduzidos argumentos de facto e de direito novos que não tenham sido apresentados no requerimento inicial, para fundamentar o pedido.

b) Outra, de *natureza psicológica,* que tem a ver com a dificuldade de um órgão da Administração reconsiderar a sua posição.

Deve reconhecer-se que, no domínio das garantias procedimentais, esta tem sido a grande dificuldade por parte dos órgãos da Administração: a de reconhecer que, perante uma decisão, se equivocou. Infelizmente, a Administração dificilmente volta atrás, dificilmente reconsidera a posição tomada, dando razão ao particular. Regra geral, quem decide, raramente reconhece que se iludiu e raramente revoga o seu acto.

---

[15] Cfr. MARCELLO CAETANO, *Princípios Fundamentais do Direito Administrativo*, Almedina, 1996, p. 392.

[16] MARCELLO CAETANO, *Ibidem.*

II. No ordenamento jurídico angolano, o instituto da reclamação é tratado nas Normas do Procedimento e da Actividade Administrativa (Decreto-Lei 16-A/96, de 15 de Janeiro), onde a al. a), n.º 1 do artigo 100.º, diz-nos que *"aos particulares assiste o direito de solicitar a revogação ou a modificação dos actos administrativos, mediante ou por meio de reclamação para o autor do acto"*.

O artigo 102.º estabelece que têm legitimidade para reclamar os titulares de direitos subjectivos ou interesses legalmente protegidos que se considerem lesados pelo acto administrativo. Neste capítulo, importa ainda dizer que a Lei 2/94, de 14 de Janeiro, sobre a impugnação dos actos administrativos, no seu artigo 9.º, al. a), estatui que a impugnação dos actos administrativos pode ser feita por meio de reclamação, dirigida ao órgão de que dimana o acto. Porém, o artigo 12.º al. a) obriga à precedência da reclamação, para interposição de recurso contencioso. Pensamos que duas questões de fundo se nos colocam, quanto à aplicação da reclamação, no âmbito dos dois diplomas legais citados. A primeira diz respeito à necessidade de indagarmos se o nosso direito consagrou a reclamação necessária, aquela que a lei estabelece que só após esgotados os mecanismos graciosos ou administrativos se obtenha um acto administrativo definitivo, do qual se pode recorrer contenciosamente, ou seja, aquela que traduz um meio de impugnação necessário, no sentido de constituir condição *sine qua non* do recurso contencioso ou, se, pelo contrário, o direito angolano consagrou a reclamação facultativa, isto é, se, diante de uma conduta pública ilegal e abusiva, é possível partir para o contencioso administrativo, sem percorrer a etapa da reclamação. A Lei 2/94, de 14 de Janeiro, no seu artigo. 12.º, ao dizer que "o recurso contencioso é obrigatoriamente precedido de reclamação", parece inculcar a ideia de reclamação necessária. Não temos dúvidas, ao afirmar que o desejável seria o direito angolano consagrar o carácter facultativo da reclamação.

A propósito, CARLOS FEIJÓ chega a duvidar da constitucionalidade dessa norma, ao obrigar à precedência da reclamação e do recurso hierárquico[17], se tivermos em conta o *princípio da lesividade eficaz e imediata*, cujo critério, entende-se hoje, deve ser o da lesão que resulta do conteúdo

---

[17] Esta posição tem sido defendida por CARLOS FEIJÓ no seu ensino de Direito do Contencioso Administrativo. Cfr. CARLOS FEIJÓ, In *Procedimento e Contencioso Administrativo*, Texto e Legislação, A.A.V.V. Ministério da Administração Pública, Emprego e Segurança Social, 1999, p. 61.

Parte I 27

essencial do princípio da tutela jurisdicional efectiva, previsto no artigo 43.º da Lei Constitucional, de modo que se permita a impugnação contenciosa directa ou imediata.

Bem vistas as coisas, esta norma, para nós, se não for inconstitucional, pelo menos limita ou condiciona o acesso directo aos tribunais, de tal forma que não ajuda à resolução da relação administrativa controvertida, em tempo oportuno para o particular. Retarda e prolonga ou posterga a intervenção judicial para um momento posterior.

Um outro aspecto tem que ver com os seus efeitos. Olhando para os efeitos, entende-se que a reclamação tanto pode ter efeitos suspensivos, como pode não os ter. Na realidade, deve dizer-se que o efeito varia consoante o acto, objecto de recurso, seja ou não susceptível de recurso contencioso, pelo que se entende que, diante de um acto, em princípio ilegal ou lesivo de interesses particulares, se não couber ou não for passível de recurso contencioso, então a reclamação tem efeito suspensivo, ou seja, sempre que a reclamação tenha efeito suspensivo, ela suspende a executoriedade do acto. Neste âmbito, quando do acto, objecto de impugnação, caiba recurso contencioso, a reclamação não tem efeito suspensivo, pelo que o acto pode ser, imediatamente, executado, sem esperar pela decisão da reclamação. Para o contencioso administrativo angolano, quanto aos efeitos da reclamação, isto é, saber se a reclamação tem carácter suspensivo ou meramente devolutivo, são as próprias normas do procedimento e da actividade administrativa que estabelecem em que medida pode ou não ser aferido o efeito suspensivo da reclamação.

Ao abrigo do disposto no n.º 1 do artigo 105.º do Decreto-Lei 16-A/95, de 15 de Dezembro, a reclamação tem efeito suspensivo se o acto não for susceptível de recurso contencioso, pelo que a reclamação só suspende os prazos quando o recurso hierárquico for estritamente necessário, ou quando suspenda a executoriedade do acto. No fundo, o efeito suspensivo, no que entende MARCELLO CAETANO[18], consiste em o acto, tendencialmente executório, deixar de o ser, não podendo, portanto, à sombra do comando nele contido, praticar-se qualquer acto de execução. Mas, à face da ordem jurídica angolana, para além do efeito suspensivo dos actos que não sejam impugnáveis contenciosamente, a reclamação pode ter ainda um efeito não suspensivo. Este carácter não suspensivo resulta da circuns-

---

[18] MARCELLO CAETANO, *Princípios Fundamentais do Direito Administrativo*, Almedina, 1996, p. 196.

tância de caber recurso contencioso do acto. Por essa razão, o n.º 2 do artigo 105.º do diploma citado dispõe que todo o acto de que caiba recurso contencioso não tem efeito suspensivo, pelo que a reclamação não suspende os prazos do recurso contencioso dos actos que dele caibam recurso, nem tão pouco suspende a executoriedade da decisão. Assim, o acto pode ser imediatamente executado, sem que, para tal, haja a necessidade de uma decisão prévia da reclamação.

Não obstante este comando normativo, a realidade administrativa tem demonstrado que a reclamação raramente – quase nunca – tem efeito suspensivo.

A segunda e última questão diz respeito aos prazos: enquanto que o n.º 1 do artigo 13.º da Lei 2/94, sobre a impugnação dos actos administrativos, estabelece um período temporal de 30 dias, o artigo 104.º do Decreto-Lei 16-A/95, de 15 de Dezembro, prevê um prazo de 15 dias para interposição de recurso, por via da reclamação. Destas duas realidades, podemos inferir o problema das antinomias normativas na ordem jurídico-administrativa angolana, no prisma dos prazos processuais para efeitos de reclamação. Trata-se, decerto, de uma situação que deve ser solucionada com base em critérios e princípios gerais do direito.

Se tivermos em conta o princípio da precedência temporal da norma, dado que, neste, prevalece a norma que for posteriormente publicada, por haver a presunção do estabelecimento da intenção mais actual do legislador, o prazo de 15 dias prevaleceria. Mas, se considerarmos o critério da dignidade normativa, no plano da hierarquia normativa, prevalece o prazo de 30 dias.

Entre os dois prazos, deve prevalecer o prazo de 30 dias, por ser o prazo mais relevante ou favorável ao particular e também pelo facto de constar de um diploma de dignidade normativa superior.

2.2.2. Recurso hierárquico

I. O recurso hierárquico é aquele que é feito não perante o próprio autor do acto, mas diante do superior hierárquico do autor ou da entidade que procedeu ao acto, procurando que o superior hierárquico o revogue ou modifique, de forma a sanar a sua lesividade para o particular.

Na formulação de CARLOS FEIJÓ[19], o recurso hierárquico é o meio de impugnação de um acto administrativo praticado por um órgão subalterno,

---

[19] *Procedimento... ob. cit., idem*, p. 62.

perante o respectivo superior hierárquico, a fim de obter a revogação ou a substituição do acto recorrido.

Está consagrado no artigo 108.° do Decreto-Lei 16-A/95, de 15 de Dezembro, e tem-se que o recurso hierárquico é o pedido dirigido ao superior hierárquico do órgão produtor do acto, com a finalidade de o revogar ou modificar. Se dissermos que o recurso hierárquico é desencadeado perante quem esteja numa posição de superioridade hierárquica, isso significa que o mesmo é baseado na noção de vínculo jurídico estabelecido entre o subalterno e o superior, este último, por se lhe reconhecer que, no procedimento administrativo, exerce poderes próprios do superior e do qual decorre a subordinação do subalterno, justificando-se, por isso, que os particulares solicitem ao órgão que exerce poderes de emanar ordens, supervisionar e aplicar medidas disciplinares, a suspensão, modificação ou revogação dos actos praticados pelo seu subalterno. De tal modo, que o recurso hierárquico, assim entendido, tem razão de ser, porque existe uma relação de hierarquia. Aliás, há quem entenda que não faz tanto sentido o superior ter poderes de dar ordens e instruções e não poder supervisionar a actividade do seu subalterno, ou não poder modificar nem substituir e muito menos suspender ou revogar, o acto do seu subalterno. Por isso, esses poderes tornam-se plenos, se considerados e exercidos conjuntamente. Ao superior que, *de jure*, exerce poderes de direcção, reconhece-se-lhe a faculdade de, por um lado, eliminar ou revogar os actos do subalterno e, por outro, aplicar medidas disciplinares.

Daí dizer-se que o recurso hierárquico existe em função da hierarquia. Não há recurso hierárquico sem hierarquia. Pode dizer-se, tal como o faz FREITAS DO AMARAL, que a relação hierárquica funciona como condição, como critério, como fundamento e como limite do recurso hierárquico[20].

Frequentemente, tem-se posto a seguinte questão: afinal o que é que pode motivar o recurso hierárquico? Formulando noutros termos: quais são os seus fundamentos? Os fundamentos são, normalmente, da ilegalidade do acto recorrido, bem como os de mérito.

Nos termos do n.° 2 do artigo 109.°, os fundamentos tanto podem ser, apenas, de ilegalidade ou de inconveniência, como podem ser de natureza mista. Primeiro, porque o pedido pode fundamentar-se, simplesmente, na violação de preceitos normativos. Segundo, a causa de pedir pode basear-se em razões de inconveniência ou inoportunidade do acto para o particular.

---

[20] *Direito Administrativo*, Vol. IV, Lisboa, 1988. p. 33.

Contudo, os fundamentos do recurso também podem ser de natureza mista. Em geral, têm natureza mista, invocando-se razões quer de ilegalidade, quer de inconveniência e, deste modo, solicitar-se à autoridade recorrida que, simplesmente, emita ou produza um novo acto, ou então que revogue, de acordo com a sua orientação, o acto considerado ilegal e inoportuno para o particular.

Outro aspecto tem que ver com a relação do recurso hierárquico com o recurso contencioso. Na realidade, num modelo de contencioso objectivista, a importância deste ponto reside na circunstância de o recurso hierárquico ser necessário ou facultativo consoante o acto a impugnar seja ou não insusceptível de recurso contencioso imediato.

O recurso hierárquico necessário seria o meio indispensável a utilizar para se atingir um acto verticalmente definitivo, isto é, a prática, o desencadeamento do recurso seria uma condição indispensável para se recorrer contenciosamente ao acto. O particular tem que recorrer para o superior hierárquico do órgão que praticou o acto, objecto de recurso, e só depois disto é que se pode recorrer contenciosamente. Esta classificação assenta na noção de definitividade vertical, segundo a qual seriam verticalmente definitivos os praticados por autoridade de cujos actos se pode recorrer directamente para o tribunal. Aqui, o recurso hierárquico é facultativo e ficará à mercê do interessado interpô-lo, já que mesmo que não se verifique a sua interposição, não afecta, em todo o caso, a posterior sindicância contenciosa.

Por seu turno, o n.º 2 do artigo 109.º diz-nos que, quando o acto de que se interpõe recurso hierárquico seja susceptível de recurso contencioso, tanto a legalidade como a inconveniência do acto, podem ser apreciadas naquele. Significa que se permitem os chamados recursos paralelos, isto é, impugnar-se um acto administrativo pela via do recurso hierárquico facultativo e contencioso.

II. A lei admite que se utilize cumulativamente os meios procedimental e contencioso. A razão de ser desta solução radica numa protecção mais eficaz do interesse do cidadão, podendo a Administração, mesmo correndo o recurso contencioso, resolver o recurso hierárquico. Ainda em matéria de recurso hierárquico, na doutrina jusadministrativa tem-se discutido a essência ou o conteúdo material deste instituto, identificando-se duas orientações doutrinárias sobre o seu conteúdo material ou natureza jurídica.

A primeira consiste em saber se o recurso hierárquico é uma garantia administrativa do *tipo de reexame*, ou se, pelo contrário, é uma garantia administrativa do *tipo de revisão*. No essencial, o que se pretende saber é se, em face de um recurso hierárquico, o órgão máximo ou hierarquicamente superior, ele próprio, pode revogar e substituir o acto por outro, ou se pode simplesmente revogá-lo e pedir à autoridade recorrida para emitir um novo acto, de acordo com a sua orientação. Está subjacente o facto de se aferirem os poderes do órgão competente para decidir em matéria de recurso, porque o que se pretende não é nada mais do que questionar o alcance, o âmbito e os limites dos poderes de decisão do órgão *ad quem* ou entidade a quem se recorre. No caso do *recurso do tipo reexame*, em que o órgão máximo, para além de julgar unicamente o acto objecto de recurso é, também, competente para o modificar, a doutrina geralmente entende que a autoridade recorrida pode exercer poderes efectivos, ou seja, poderes inseridos na Administração activa, podendo, deste modo, praticar um acto secundário de confirmação, de revogação, de anulação, de substituição ou mesmo de modificação que incida sobre um acto primariamente praticado pelo subalterno. Já quanto ao *recurso de tipo revisão*, a autoridade máxima tem o poder de avaliar a legalidade do acto, podendo revogá-lo, mas nunca modificá-lo. À autoridade *ad quem* caberá, apenas, confirmar ou anular o acto praticado pelo seu subalterno e nada mais. Portanto, "a lei restringe a intervenção da autoridade *ad quem* à mera reapreciação da legalidade do acto impugnado, fazendo-a funcionar como órgão dotado de meros poderes administrativos de controlo da legalidade, de modo que o acto secundário a praticar, apenas revista um conteúdo confirmativo ou anulatório[21]".

III. A segunda questão tem a ver com a circunstância de se tentar aferir o carácter objectivo ou subjectivo do recurso hierárquico. Nesta perspectiva, a questão que se levanta é a de saber se o recurso hierárquico, uma vez posto pelo particular, terá como função primacial a defesa dos interesses gerais da própria Administração Pública, isto é, se, de facto, opera como meio ou instrumento de garantia da Administração Pública ou se, ao invés, tem como escopo a defesa dos direitos subjectivos e interesses legalmente protegidos dos particulares. Não há uma resposta uniforme, sendo

---

[21] PEDRO GONÇALVES, *Relações entre as Impugnações Administrativas Necessárias e o Recurso Contencioso de Anulação de Actos Administrativos*, Almedina, 1996, p. 18.

que o recurso hierárquico representa simultaneamente uma garantia objectiva e subjectiva. A ela está associada também a questão de saber se as normas jurídicas administrativas vigentes em Angola permitem a *"reformatio in pejus"*, reformar para pior, em matéria de recurso hierárquico administrativo. Pensamos que se os poderes da autoridade recorrida forem de tipo de *reexame*, em que se podem praticar actos confirmativos, extintivos, destrutivos, ou mesmo construtivos, que incidam sobre um outro acto primariamente praticado pelo subalterno, pode falar-se da *reformatio in pejus*, ou seja, diante de um recurso sobre uma decisão, é bem possível que a autoridade *ad quem* (autoridade recorrida) tome uma decisão ainda pior, isto é, mais desfavorável do que a decisão tomada pelo subalterno, objecto de recurso pelo particular. Por isso, a decisão tanto pode ser favorável como desfavorável.

Todavia, o recurso é sempre uma garantia que a ordem jurídica confere aos particulares de se defenderem da violação dos seus direitos subjectivos e interesses legalmente protegidos, mediante a autoridade máxima de um órgão. O que varia é, simplesmente, a decisão. Quanto ao seu regime jurídico, acerca da interposição do recurso, o n.º 2 do artigo 111.º do Decreto-Lei 16-A/95, dispõe que o recurso é dirigido ao mais elevado superior hierárquico. Não é, porém, vedada a possibilidade de o requerimento de interposição ser apresentado ao autor do acto, o qual o fará depois seguir para a entidade *ad quem*.

Entretanto, no que toca aos prazos, eles variam consoante se trate de recurso necessário ou facultativo. Do conteúdo do artigo 110.º, o recurso necessário é de 30 dias, sempre que a lei não estabeleça prazos diferentes. A este propósito, não se deve perder de vista que a extemporaneidade do recurso hierárquico necessário implica, automaticamente, a extemporaneidade do recurso contencioso subsequente. Por sua vez, o recurso hierárquico facultativo deve ser interposto dentro do prazo estabelecido para a interposição do recurso contencioso em causa.

Quanto aos efeitos, o artigo 112.º estabelece que o recurso hierárquico suspende a eficácia do acto recorrido, salvo quando a lei disponha em contrário ou quando o autor do acto considere que a sua execução não imediata causa grave prejuízo ao interesse público. Acontece, em todo o caso, que a lei não distingue os efeitos do recurso necessário e do facultativo. Os artigos 116.º e 117.º determinam os prazos para decisão e os tipos de decisão do órgão *ad quem* (rejeição – artigo 115.º, confirmação ou revogação do acto e se a competência do autor recorrido não for exclusiva pode também modificá-lo ou substituí-lo). Estas disposições levam-nos a considerar que, quanto ao conteúdo material ou natureza jurídica, o recurso hierárquico, mormente o necessário, é de reexame, pois, o órgão *ad quem* pode substituir-se ao órgão *a quo*, exceptuando os casos do exercício de competência exclusiva do subalterno. A lei processual administrativa permite a notificação dos contra-interessados e a intervenção do órgão recorrido que é chamado a pronunciar-se, no prazo de 15 dias, a contar da data da interposição do recurso. Finalmente, assinale-se que o mecanismo do indeferimento tácito se aplica ao recurso hierárquico, nos termos do n.° 3 do artigo 117.° do mesmo diploma.

2.2.3. *Recurso hierárquico impróprio*

Diz-se impróprio este tipo de recurso porque é exercido para uma entidade que não tem uma relação de hierarquia com a entidade produtora do acto objecto de recurso (artigo 118.° do Decreto-Lei 16-A/95). Recorde--se que há hierarquia quando, numa estrutura, há uma entidade que exerce sobre a outra um leque de poderes: o poder de direcção, o de supervisão e o disciplinar, etc. Porém, no caso de recurso hierárquico impróprio, a própria lei consente ou concede a faculdade de alguém poder contestar um acto de uma entidade administrativa junto de outra entidade administrativa, ou de outro órgão, mas, na verdade, entre esses dois órgãos, isto é, o órgão que emitiu o acto e o órgão perante quem se contesta o acto, não há uma relação de hierarquia. Contudo, apesar de não haver essa hierarquia, a entidade administrativa pode receber o recurso interposto e intervir, revogando ou modificando o acto administrativo, objecto de recurso, através de um poder de supervisão que, basicamente, é o tal poder de revogação dos actos administrativos. Na verdade, o recurso hierárquico impróprio traduzir-se-ia num mecanismo de reacção do particular, perante uma decisão, a um órgão que exerça poder de supervisão sobre outro órgão da mesma pessoa colectiva, fora da hierarquia administrativa.

O recurso diz-se impróprio porque, em rigor, não é interposto perante superiores hierárquicos. Ou seja, não há esse vínculo de, por um lado, supremacia e, por outro lado, subordinação, dado que o órgão perante quem se exerce o recurso hierárquico impróprio não tem poderes de direcção, nem tão pouco poderes disciplinares sobre o órgão produtor do acto; contudo, às vezes, tendo um poder de supervisão, pode revogá-lo, num litígio, precisamente, de recurso hierárquico impróprio. Serve como exemplo a circunstância de se impugnar um acto de um Ministro para o Conselho de Ministros. Aqui, pode mesmo asseverar-se que o Conselho de Ministros não é o órgão superior hierárquico do Ministro, até porque este decide por acto final no procedimento administrativo, daí que, dos seus actos, uma vez esgotadas as garantias procedimentais, caiba recurso contencioso para os tribunais. Vale a pena, ainda, destacar, a título exemplificativo, o caso de um particular ou um ente público atacar o acto de um órgão singular para o órgão colegial do mesmo órgão ou da mesma pessoa colectiva pública que praticou o acto – impugnação do acto do Reitor para o Senado da Universidade. Ou, ao invés, quando, por determinação legal, se recorre dos actos de um órgão colegial para outro órgão administrativo. Nestas duas realidades chamadas à colação, estamos perante órgãos que funcionam separadamente, mas, entretanto, a lei dá a um órgão a faculdade de poder intervir, revogando os actos de outro órgão, mas sem sem que exista entre eles uma relação de hierarquia. Aliás, há que dizer que se compreende que entre eles não exista este vínculo de supremacia e subordinação, porque, de facto, os órgãos colegiais de modo nenhum fazem parte de uma hierarquia.

O recurso hierárquico impróprio, por ser dirigido por um órgão que não tem relação funcional com o autor do acto, tem natureza excepcional, uma vez que só é admitido nos estritos casos previstos por lei. Por isso, estaremos em presença de um recurso hierárquico impróprio, não obstante não existirem poderes hierárquicos sobre os órgãos colegiais, quando a lei consinta a possibilidade de recurso dos seus actos para outros órgãos administrativos. Ainda nesta perspectiva, atente-se no disposto no n.° 2 do artigo 118.° do Decreto-Lei 16-A/95, de 15 de Dezembro, quando diz: "nos casos expressamente previstos por lei, também cabe recurso hierárquico impróprio para os órgãos colegiais, em relação aos actos administrativos praticados por qualquer dos seus membros". É neste domínio que se justifica a impugnação hierárquica imprópria do acto de um membro do Governo para o Conselho de Ministros.

2.2.4. *Recurso tutelar*

O recurso tutelar traduz o mecanismo de impugnação de um acto praticado por uma entidade sujeita à tutela ou superintendência (artigo 119.°, n.° 1, do Decreto-Lei 16-A/95). O recurso tutelar representa a possibilidade de impugnar um acto perante uma entidade que exerça poder tutelar ou poder de superintendência.

É também excepcional e só pode ser exercido quando a lei, em concreto, assim o admitir. Daí que o n.° 2 do citado artigo refira que o recurso tutelar só existe nos actos expressamente previstos por lei e tem natureza facultativa. Há que salientar, de igual modo, que, em homenagem ao princípio da determinação expressa da competência, não se presume a susceptibilidade de recurso tutelar: tal susceptibilidade tem de resultar de disposições legais expressas. Portanto, essas garantias ainda são efectivadas na órbita da própria Administração.

3. Garantias jurisdicionais

I. As garantias jurisdicionais são aquelas que se realizam junto dos tribunais, isto é, a sua materialização passa necessariamente pela intervenção dos tribunais. E por se concretizarem justamente num órgão do Estado cuja função constitucional é a de dirimir os conflitos, elas representam, comparativamente às demais, a forma mais elevada e eficaz de defesa dos direitos subjectivos e dos interesses legítimos dos particulares. Em todo o caso, não se deve olvidar que elas são também garantias de natureza administrativa, porque implicam serem desencadeadas no âmbito do direito administrativo, mas os órgãos que levam à prática a protecção dos direitos e interesses das pessoas dos particulares são já os tribunais. Neste momento, as entidades de efectivação ou concretização das garantias lesadas não são os órgãos e serviços das pessoas colectivas, no exercício da função administrativa, mas sim os tribunais, no exercício da função jurisdicional. E quando se fala em contencioso, no sentido de litígio, apela-se para a intervenção de um tribunal, que é uma entidade independente acima das partes litigantes e que não tem uma proximidade subjectiva com o caso *decidenda*; pelo contrário, tem uma equidistância relativamente ao conflito.

O problema do contencioso administrativo, de acordo com ANTÓNIO CORDEIRO[22], diz respeito aos fundamentos sobre que assentam os princípios e a razão de ser da subordinação da Administração Pública ao con-

---

[22] *Garantias dos Administrados, In* Dicionário Jurídico da Administração Pública, Vol. IV – Lisboa – 1991, p. 433.

36 *Direito do Contencioso Administrativo Angolano*

trolo jurisdicional. O seu sustentáculo reside no facto de se tentar divisar as funções do Estado, com base num modelo que assenta na repartição tripartida das funções do próprio Estado, cometendo aos tribunais a tarefa fundamental de dirimir conflitos, no caso, administrativos.

Olhando para a função dos tribunais em matéria contenciosa, o contencioso administrativo vem a ser o conjunto de litígios que são levados à justiça administrativa. O contencioso administrativo é, de resto, o conjunto de normas jurídicas reguladoras da intervenção dos tribunais, face a litígios existentes entre a Administração Pública e os particulares e que são solucionados por aplicação de normas de Direito Administrativo e por uma "jurisdição própria"[23] dos tribunais.

Do ponto de vista do seu surgimento[24], o contencioso administrativo começou a ser construído a partir da Revolução Francesa, como reacção contra os abusos do Parlamento. Os defensores da Revolução Francesa entendiam que o respeito pelo princípio da separação dos poderes[25], proclamado como princípio basilar da organização do Estado, impedia que à jurisdição ordinária fosse confiada a tarefa de julgar as questões contenciosas da Administração. Justamente por isso é que a Assembleia Francesa rejeitou uma proposta, no sentido de confiar o contencioso administrativo aos tribunais comuns, preferindo instituir tribunais administrativos pela Lei 16-24 de 1790. Em causa estava uma interpretação «heterodoxa» do princípio da separação de poderes[26], que determinou a criação duma "justiça especial" para a Administração. Tão especial que, nesta primeira fase, nem

---

[23] Dissemos *jurisdição administrativa*, porque um determinado país como o nosso, pode não ter tribunais administrativos, mas ter, entretanto, Salas ou Câmaras especializadas para questões administrativas.

[24] Cfr. Vasco Pereira da Silva, *Em Busca do Acto Administrativo Perdido*, Almedina, Coimbra, 1998; Vasco Pereira da Silva, *Para Um Contencioso Administrativo dos Particulares – Esboço de Uma Teoria Subjectiva do Recurso Directo de Anulação*, Almedina, Coimbra, 1989; José Carlos Vieira de Andrade, *A Justiça Administrativa (Lições)*, 6.ª Edição, Almedina, 2004; Sérvulo Correia, *Direito do Contencioso Administrativo*, Vol. I, Lex, 2005, pp. 43 a 76.

[25] Sobre o princípio da separação de poderes, vide Nuno Piçarra, *A separação dos poderes como doutrina e princípio constitucional – um contributo para o Estudo das suas origens e evolução*, Coimbra Editora, 1989; Jorge Reis Novais, *A separação de poderes e limites da competência legislativa da Assembleia Nacional*, Lex, Lisboa, 1997; Marcelo Rebelo de Sousa, *Lições de Direito Administrativo*, 2ª Edição, Lex Editora, 1999.

[26] Cfr. Eduardo García de Enterría / Tomás-Ramón Fernández, *Curso de Derecho Administrativo*, Volume 1, 6ª edição, Civitas, Madrid, 1993, p. 480.

chega sequer a existir, dada a total confusão estabelecida entre administrar e julgar. Com efeito, «em vez de se considerar que julgar a Administração é, ainda, julgar, preferia-se considerar que "julgar a Administração é, ainda, administrar" e que a "jurisdição era o complemento da acção administrativa"»[27]. O resultado desta situação é paradoxal: em nome da separação entre a Administração e a Justiça, o que verdadeiramente se realiza é a não diferenciação entre as funções de administrar e de julgar[28], porquanto o julgamento dos litígios administrativos é remetido para os órgãos da Administração activa, originando uma situação de verdadeira confusão entre administradores e juízes. Temos, então, a Administração transformada em juiz em causa própria. Como se vê, é a Administração Pública, ela própria, que se julga e decide sobre os litígios que tenha com os particulares.

Este período é chamado de *justiça reservada*, que significa que era reserva da Administração Pública julgar-se a si própria.

II. Da fase de justiça reservada passou-se para a chamada fase de *justiça delegada*. Passa a ser, inicialmente, o Conselho de Estado francês a decidir sobre os litígios entre os particulares e a Administração. O Conselho de Estado, que tinha como função emitir pareceres, é transformado num verdadeiro tribunal. Como afirma ANTÓNIO CORDEIRO[29], o Conselho de Estado francês, surgido no ano de 1799, como órgão supremo da Administração, foi transformado, em 1806, em órgão misto, ao adquirir também a qualidade de tribunal administrativo, funcionando nomeadamente como *"Conseil d'appel"* de segunda e última instância. Logo, aquilo que era competência de justiça reservada do Governo decidir, passa a ser da competência do Conselho de Estado, que funciona como um verdadeiro tribunal, apreciando os recursos interpostos pelos particulares contra decisões ilegais da Administração Pública.

Mas, "à medida que o contencioso administrativo se foi, progressiva e paulatinamente autonomizando da Administração e os órgãos do contencioso administrativo foram-se transformando em verdadeiros tribunais[30]".

---

[27] Vide BERNARD PACTEAU, *Contentieux Administratif*, Paris, 1985, p. 16.

[28] VASCO PEREIRA DA SILVA, *Em Busca do Acto Administrativo Perdido*, Coimbra, 1998, p. 12.

[29] ANTÓNIO CORDEIRO, *ibidem*.

[30] VASCO PEREIRA DA SILVA, *Em Busca do Acto Administrativo Perdido*, Colecção Teses, Almedina, 1998, p. 34. Cfr. também VLADIMIR BRITO, *Lições de Direito Administrativo II (Direito Processual Administrativo)*, Vol. I, Braga, 2003.

Esta evolução, afirma FREITAS DO AMARAL[31], deveu-se ao facto de o Conselho de Estado ter adquirido grande prestígio pela correcção jurídica e pelo bom senso das suas consultas, de tal forma que o Governo as homologava quase sempre, sendo muito raros os casos em que o Governo recusou homologação a uma consulta do Conselho de Estado. Daí ter-se concluído que não valia a pena estar a submeter as consultas do Conselho de Estado a homologação governamental e, em Maio de 1872, uma lei suprimiu a homologação do Governo e atribuiu ao Conselho de Estado o poder de tomar decisões definitivas, em nome do povo francês, como qualquer tribunal, passando a deter, assim, o poder de julgar, em termos definitivos, proferindo sentenças que tinham força de caso julgado. Há mesmo quem afirme ter havido um milagre[32]. Milagre este, que consistia na submissão da Administração (e do Estado, em que ela se integra) às normas jurídicas geradas pela actuação dos tribunais administrativos[33]. Para PROSPER WEIL[34], o milagre resulta do facto de o próprio Estado se considerar vinculado pelo direito, sendo certo que é ele mesmo que cria esse direito e conserva a faculdade de o modificar. Portanto, da fase de justiça reservada e, posteriormente, a fase de justiça delegada, passou-se, hoje, para a fase de afirmação de uma verdadeira jurisdição administrativa, integrada no poder judicial.

---

[31] FREITAS DO AMARAL, *Direito Administrativo*, Vol. IV, Lisboa, 1988, p. 88.

[32] DOMINIQUE TURPIN, *Contentieux Administratif*, Hachette, Paris, 1994, p. 12, citando Prosper Weil, diz que *"le fait que l'administration ait accepté d'être soumise au droit a été qualifié de «miracle»"*.

[33] VASCO PEREIRA DA SILVA, *Em Busca do... ob. cit*, p. 35.

[34] PROSPER WEIL, *O Direito Administrativo*, Almedina, Coimbra, 1977, p. 15.

PARTE II

CAPÍTULO II
Sistemas e função do contencioso administrativo

4. Sistemas organizativos e processuais

I. Têm sido várias, ao longo da história do contencioso administrativo, nos sistemas jurídicos de feição romano-germânica, as alternativas quanto aos sistemas de organização do contencioso administrativo, às funções a desempenhar pelo processo, ao papel que o juiz deve desempenhar no contencioso, ao seu domínio típico (do ponto de vista material e funcional) e a outras questões organizativas, funcionais e materiais.

E não só ao longo da história: as alternativas continuam hoje a ser várias, coexistindo sistemas diferentes, consoante o tipo de opções fundamentais tomadas pelas respectivas ordens jurídicas. É comum falar-se, a este respeito, em sistemas do contencioso administrativo.

Há, aqui, que ter em conta, fundamentalmente, dois sistemas: o *objectivista* e o *subjectivista*.

Para distinguir um do outro, devemos ter em conta a forma e o grau como se protegem mais os interesses dos particulares, ou se, pelo contrário, se defende mais o interesse público e a mera legalidade objectiva.

Todavia, uma coisa é para nós certa: perde interesse tratar dos sistemas organizativos, na perspectiva de saber se o sistema é de justiça reservada (administrador-juiz) ou de justiça delegada, por serem referências meramente históricas quanto à evolução do contencioso administrativo. Partimos do pressuposto, que é, aliás, uma evidência, de que as questões administrativas materialmente controvertidas são hoje resolvidas em tribunais, sejam eles comuns ou administrativos.

Por esta razão, ao tratarmos dos sistemas do contencioso administrativo, releva sobremaneira o prisma processual e a função do contencioso administrativo de um dado país, até porque qualquer país tem uma certa organização jurisdicional; para o caso angolano, tenha-se como paradigma o artigo 121.° da Lei Constitucional.

Ora, esta organização jurisdicional pode ter como vértice uma multiplicidade de tribunais. E, no âmbito da orgânica dos tribunais, podem existir jurisdições comuns e jurisdições especiais, sejam eles tribunais administrativos, tribunais arbitrais, tribunais do contencioso aduaneiro, etc. Assim, na apreciação dos sistemas do contencioso há uma matriz que deve ser considerada: será que o modelo do contencioso administrativo de um determinado país protege mais os particulares ou protege mais a Administração Pública? Dito de outro modo: há que ter em vista se o sistema protege mais a legalidade subjectiva (os particulares) ou a legalidade objectiva (a Administração Pública).

No *sistema objectivista* ou de *tipo francês* existe um contencioso de direito administrativo, que consiste ou se traduz na existência de tribunais administrativos subtraídos à lógica dos tribunais comuns. Isto é, há duas ordens jurisdicionais e duas ordens normativas, aplicáveis à ordem jurisdicional correspondente. O que se está a frisar, a respeito do sistema objectivista ou francês, é, somente, o seguinte: a organização jurisdicional assenta na apreciação dos diferendos em que seja parte a Administração Pública, não pelos tribunais comuns, mas por tribunais administrativos e por aplicação de regras do Direito Administrativo.

Existe o chamado contencioso por natureza e contencioso por atribuição ou contencioso acidental. O contencioso por natureza corresponde ao contencioso dos actos administrativos ilegais e lesivos de interesses juridicamente tutelados dos particulares e o contencioso regulamentar, que tem que ver com a sindicância ou impugnação de actos normativos ilegais dos órgãos da Administração activa. No que se refere ao contencioso acidental, ele corresponde ao contencioso contratual, à responsabilidade civil da Administração Pública e à acção para reconhecimento de direitos e interesses legítimos. Diz-se acidental ou por atribuição porque se entende que, ainda que estes não sejam analisados em foro administrativo, ou seja, mesmo que sejam sindicados em tribunais comuns, isso não prejudica, em todo o caso, a sua pureza, não fere a sensibilidade do próprio sistema ou não ofende o núcleo essencial organizatório e executivo do sistema em si. Isso significa que o contencioso dos contratos administrativos, da responsabilidade civil da Administração e dos direitos subjectivos dos particulares pode estar entregue à competência dos tribunais comuns, que nem por isso fica prejudicada a pureza dos princípios do sistema de administração executiva.

Num sistema de tipo francês, o que é essencial é que o contencioso de anulação dos actos ilegais e o dos regulamentos administrativos esteja sob jurisdição dos tribunais administrativos. Em consequência, a função do contencioso está virada para a defesa da legalidade e do interesse público, porquanto os tribunais se limitam a declarar a invalidade dos actos, ou melhor, o recurso é, tão-só, de anulação de actos administrativos, cerceando os poderes de cognição e sobretudo de decisão do juiz, que pode, apenas, anular e nunca condenar a Administração para a prática do acto devido. Dizem-nos JOSÉ EDUARDO FIGUEIREDO DIAS e FERNANDA PAULA OLIVEIRA[35] que "do ponto de vista da actuação dos tribunais administrativos estes não gozam, em regra, de plena jurisdição face à Administração, (...) o tribunal administrativo só pode anular esse acto se ele for ilegal; não pode declarar as consequências dessa anulação, nem obrigar a Administração a proceder de maneira determinada, nem condená-la a tomar certa decisão ou certo comportamento". Portanto, os poderes de cognição dos juízes limitam-se, meramente, a determinar a anulação de actos ilegais e nada mais.

Por outro lado, o sistema objectivista tem um regime processual demasiado centrado na defesa da legalidade e dos interesses públicos, colocando num plano secundário os direitos subjectivos e os interesses legalmente protegidos dos particulares; por isso, das soluções jurídicas dimanadas deste sistema resulta uma evidência: a maior protecção dos interesses públicos em detrimento das garantias dos particulares. Neste sistema, o objecto do contencioso é um processo feito a um acto, porque o que está em causa é verificar a legitimidade do exercício do poder administrativo. Por sua vez, o seu âmbito incide, somente, sobre o controlo da legalidade ou de juridicidade.

Quanto aos efeitos do caso julgado, no sistema objectivista, a sentença produz efeitos *erga omnes*. Por fim, no sistema objectivista, a execução da sentença depende do juízo de oportunidade da administração[36].

II. Do outro lado, temos o *sistema subjectivista* ou de *tipo alemão*, que se caracteriza pela acentuação dos aspectos subjectivistas, que consistem na maior protecção ou garantia dos direitos e interesses dos particulares,

---

[35] JOSÉ EDUARDO FIGUEIREDO DIAS e FERNANDA PAULA OLIVEIRA, *Noções Fundamentais de Direito Administrativo*, Almedina, Coimbra, 2005. p. 32.

[36] Para mais desenvolvimento sobre as características do sistema objectivista, vide VASCO PEREIRA DA SILVA, *Para Um Contencioso Administrativo dos Particulares – Esboço de Uma Teoria Subjectiva do Recurso Directo de Anulação*, Almedina, Coimbra, 1989.

em contraposição à legalidade objectiva. Há uma maior densificação material e procedimental da fiscalização judicial da actividade administrativa. Este sistema está associado à ideia de uma protecção judicial efectiva e tem como pedra angular a defesa dos interesses dos cidadãos em detrimento da defesa da Administração Pública. O sistema subjectivista tem como função a tutela dos direitos e interesses legalmente protegidos dos particulares, ou seja, as "posições jurídicas substantivas individualizadas[37]/[38]".

Neste sistema, quanto ao objecto do contencioso, o que está em causa é a lesão das posições jurídicas subjectivas dos particulares.

Como consequência, os juízes têm competência de plena jurisdição. É um sistema em que os poderes de cognição dos juízes assentam na jurisdicionalização total e plena do contencioso administrativo.

Aqui, os juízes, comparativamente ao sistema anterior, têm amplos poderes decisórios sobre a administração pública. Daí dizer-se que o âmbito do sistema subjectivista quanto ao controlo é total, porque os poderes de cognoscibilidade são plenos, até ao ponto de tomar decisões contra a Administração Pública para a prática do acto devido, embora não exista um acto lesivo. Um outro aspecto, que importa realçar, incide sobre o fundamento do recurso contencioso, que não reside só no acto ilegal, bastando que a conduta da Administração lese interesses e direitos dos particulares.

A propósito do fundamento do contencioso, podemos chamar aqui a questão da definitividade do acto como pré-requisito para aceder aos tribunais. Neste sistema, não faz tanto sentido estabelecer a definitividade como requisito para a interposição do recurso contencioso. Basta que o acto seja lesivo, para se poderem desencadear os meios postos à disposição dos particulares, de modo que o particular possa ter acesso à justiça administrativa. Este sistema não aceita condicionar o recurso contencioso à definitividade. Admite o recurso contencioso, desde que haja lesão, independentemente de o acto ter-se tornado definitivo ou não. O que importa é o critério da lesão. E este critério é independente do facto de o acto ser ou não legal, pelo que o particular deve dispor de um direito de impugnar o acto lesivo, além de que não se admite que para o recurso contencioso

---

[37] Na linguagem de JOSÉ CARLOS VIEIRA DE ANDRADE, *A Justiça Administrativa*, 5ª Edição, Almedina, 1999, p. 33.

[38] Para mais desenvolvimento sobre a origem e evolução do sistema subjectivista ou do tipo alemão, vide SÉRVULO CORREIA, *Direito do Contencioso Administrativo*, Vol. I, Lex, 2005, pp. 77 a 121.

seja necessária ou obrigatória a precedência administrativa. Isto significa que não são aceites normas que estabeleçam a precedência obrigatória como condição de procedibilidade do recurso contencioso, uma vez que o particular deve ter acesso à justiça administrativa, independentemente do recurso hierárquico e da reclamação: não tem de esperar por um acto definitivo para poder recorrer contenciosamente. Em suma, o sistema subjectivista ou alemão permite que o princípio da jurisdicionalização plena do contencioso administrativo seja efectivo, no sentido de os tribunais poderem, inclusive, condenar a Administração Pública à tomada de uma conduta positiva. Pense-se, por exemplo, no quadro do planeamento urbanístico: se um cidadão impugna uma omissão administrativa, o tribunal pode, no sistema alemão, condenar a Administração Pública a praticar o acto que, eventualmente, omitiu. Todavia, esta solução já não é aceitável no sistema francês, essencialmente virado para a defesa da Administração Pública.

Quanto aos efeitos do caso julgado, no sistema subjectivista, a sentença produz efeitos jurídicos inter-partes. No que à execução da sentença diz respeito, no sistema subjectivista a execução tem carácter obrigatório.

CAPÍTULO III
Sistema de justiça administrativa angolana

5. Contencioso administrativo angolano

5.1. *Evolução e linhas gerais do contencioso administrativo angolano*

I. Em Angola, a tarefa de dirimir os conflitos jurídico-administrativos deve ser analisada em dois períodos distintos: o período da 1ª República e o actual período da 2ª República.

É, assim, fácil de compreender que o sistema de justiça administrativa[39] angolano não está dissociado da evolução política e administrativa de Angola, enquanto Estado.

No primeiro período, fortemente influenciado pela natureza da organização do poder político, virado para a economia centralizada, não se constitucionaliza, na essência, nem na aparência, um sistema de justiça administrativa.

Significa que nem o texto constitucional de 1975, nem, muito menos, as sucessivas revisões constitucionais deram dignidade constitucional à justiça administrativa. Aliás, o funcionamento dos órgãos do Estado orientava-se e visava, fundamentalmente, garantir e proteger a ordem jurídica tendente ao socialismo.

Basicamente, o controlo jurisdicional dos actos do poder público era inexistente e os órgãos jurisdicionais confundiam-se com os demais

---

[39] Justiça administrativa entendida como "*conjunto de órgãos jurisdicionais detentores da competência para julgar os conflitos jurídicos que envolvem a Administração e os particulares*", tal como refere MARIA DA GLÓRIA FERREIRA PINTO DIAS GARCIA, *Da Justiça Administrativa em Portugal. Sua evolução e origem*, Universidade Católica Editora, Lisboa, 1994, p. 17.

órgãos do Estado, a julgar pela ausência clara do princípio da separação de poderes e funções do Estado.

Contudo, ainda no âmbito da 1ª República, foi aprovada a Lei 18/88, de 31 de Dezembro, Lei do Sistema Unificado de Justiça, que, no essencial, se traduziu no estabelecimento de um novo *sistema judicial unificado e integrado* pelas diversas jurisdições existentes na altura. Nos termos do artigo 115.º, "os Tribunais de Comarca e os Tribunais Municipais passaram, desde a entrada em vigor desta lei, a reger-se pelas normas respeitantes aos Tribunais Populares Provinciais e Municipais".

O artigo 116.º era claro. Os tribunais que não fossem previstos neste diploma e não coubessem no seu âmbito de aplicação, foram extintos, designadamente, o Tribunal de Menores e de Execução de Penas, os Tribunais Especiais ou de Excepção e os Tribunais Populares Revolucionários. Por outro lado, os órgãos judiciais intermédios ou os órgãos de 2ª instância, que se enquadram entre os de primeira instância (Tribunais Populares Provinciais e Municipais) e o Tribunal Popular Supremo, herdados da organização judicial anterior à independência, foram igualmente extintos. De facto, esta Lei aboliu "todos os tribunais especiais, congregando todas as jurisdições existentes e substituindo a estrutura e sistema judiciais que, até 1975, vigoravam no território angolano[40]/[41]".

A Lei 18/88, de 31 de Dezembro, sendo uma Lei orgânica sobre o Sistema de Justiça, veio determinar a divisão e hierarquia judicial, estabelecendo, no seu artigo 6.º, que "os Tribunais estão divididos de acordo com a seguinte hierarquia: "Tribunal Supremo, Tribunais Provinciais e Tribunais Municipais". A "unificação verifica-se na cúpula[42]". Por exemplo, no primeiro nível, encontramos os Tribunais Municipais, no segundo, os Tribunais Provinciais e, no topo, o Tribunal Supremo.

Posteriormente, foi aprovada a Lei 17/90, de 20 de Outubro, que, no seu artigo 27.º, veio estabelecer que para "a apreciação das *questões contenciosas que digam respeito à Administração*[43] Pública, bem como à fiscalização dos actos que envolvam nomeação ou contratação de funcioná-

---

[40] Cfr. Armando Marques Guedes, Carlos Feijó, *et al., Pluralismo e Legitimação – A Edificação Jurídica Pós-Colonial de Angola*, Almedina, 2003, p. 123.

[41] Sobre a evolução do Sistema Judicial angolano, vide ainda em Vasco Grandão Ramos, *Direito Processual Penal, Noções Fundamentais*, Ler & Escrever, Luanda, 1995, pp. 116 a 120.

[42] Conforme a linguagem utilizada no preâmbulo da Lei.

[43] O itálico é nosso.

rios da Administração Pública, serão competentes as Salas e Câmara dos Tribunais Provinciais e do Tribunal Supremo". As Salas e Câmara referidas dizem respeito, nos termos da Lei 18/88, de 31 de Dezembro, à Câmara e Sala do Cível e Administrativo do Tribunal Supremo e do Tribunal Provincial.

Estes dois diplomas suscitam uma questão: por um lado, quando a Lei-quadro se refere à Câmara e à Sala do Cível e Administrativo do Tribunal Supremo e do Tribunal Provincial, respectivamente, e, por outro lado, quando a Lei 17/90, de 20 de Outubro, estabelece que a apreciação das questões contenciosas, que digam respeito à Administração Pública, compete às Salas dos Tribunais Provinciais e à Câmara do Tribunal Supremo, respectivamente, poderão os mesmos ser considerados a proto-história do contencioso administrativo angolano?

Apesar de a Constituição então vigente não fazer qualquer abordagem relativamente ao controlo jurisdicional dos actos da Administração, para nós, ainda que seja no plano infra-constitucional, dúvidas não restam quanto ao carácter embrionário do contencioso administrativo, a partir daqueles diplomas, que marcaram o início "tímido" do contencioso administrativo.

Por exemplo, se no plano *funcional* ou *material* ainda não era possível a materialização *efectiva* da impugnação contenciosa, é certo que, no *plano organizatório,* aqueles diplomas foram o marco da primeira fase do contencioso administrativo angolano.

Tanto é assim que a Lei 12/91, de 6 de Maio, previu, no artigo 81.°, que os tribunais *"decidem sobre a legalidade dos actos administrativos"*. Esta Lei de revisão constitucional, apenas veio dar cobertura e efectivação, tanto no *plano material* como no plano de *organização jurisdicional*, à fase embrionária do contencioso administrativo angolano.

II. Em rigor, a *constitucionalização da justiça administrativa* em Angola só foi possível com a entrada em vigor da Lei Constitucional vigente, que inaugura a 2ª República e institucionaliza o Estado de direito democrático. Esta constitucionalização pode ser analisada em três domínios:

Em primeiro lugar, os órgãos do Estado angolano e a Administração Pública, em particular, passam a subordinar-se ao princípio da legalidade. Ora, sendo um princípio basilar de qualquer Estado, a Administração Pública passa a ter como limite, critério e fundamento, a lei. A actuação dos

50   *Direito do Contencioso Administrativo Angolano*

órgãos e agentes administrativos passou a ter limites, o que implica dizer que só devem actuar segundo e nos estritos termos determinados pela lei. Este princípio decorre, geralmente, da al. b) do art. 54.° da Lei Constitucional e do n.° 2 do artigo 1.° da Lei 17/90, de 20 de Outubro, nos termos dos quais *"os órgãos e agentes administrativos estão subordinados à lei"*. É, pois, um princípio que enforma toda a ordem jurídica, tanto no que se refere à organização como ao funcionamento da Administração angolana.

Em segundo lugar, a Lei Constitucional consagrou um leque de direitos fundamentais dos cidadãos, entre os quais o *direito à tutela jurisdicional efectiva*, previsto no artigo 43.°, cristalizado no direito de os cidadãos impugnarem e recorrerem aos tribunais contra todos os actos que violem os seus direitos estabelecidos na Lei Constitucional e demais legislação.

Em terceiro lugar, previu-se a possibilidade de criação de tribunais administrativos, autonomizados dos tribunais comuns.

Com a entrada em vigor da Lei Constitucional vigente, o funcionamento da Administração Pública já não é mais ilimitado, pois ela está sujeita à impugnação contenciosa dos seus actos, considerados lesivos dos direitos e interesses dos particulares legalmente tutelados.

Não é por acaso que, já na instauração da 2ª República, a Constituição de 1992 dedica um capítulo ao poder judicial, nos termos em que os tribunais administram a justiça e exercem a função jurisdicional, conforme preceitua o artigo 120.°.

Salienta-se que a *tutela jurisdicional* ou *protecção jurisdicional* dos actos praticados pela Administração ficou reforçada, para além do *princípio da plenitude da garantia jurisdicional* administrativa (artigo 43.°), com a consagração peremptória do papel e função dos tribunais angolanos de garantir e assegurar a protecção dos direitos e interesses legítimos dos cidadãos e das demais instituições, decidindo sobre a legalidade dos actos administrativos (artigo 121.° da L. C.).

A partir destes preceitos, pode perfeitamente afirmar-se que a Constituição angolana reserva aos órgãos jurisdicionais o conhecimento dos actos lesivos de direitos e interesses legítimos dos cidadãos legal e constitucionalmente protegidos.

De resto, o legislador constitucional, fiel ao modelo adoptado na Lei--quadro do sistema de justiça, ou seja, ao pretender dar corpo ao princípio da *"unidade da ordem judiciária"* consagrado nesta lei, nada mais fez senão dar seguimento àquele quadro legislativo e, por esta via, embora "dando dois passos em frente e um atrás", seguiu o *plano organizatório* e os mesmos níveis da *organização judiciária* consagrados.

Nos termos do n.º 1 do artigo 125.º da L. C, determinou-se um *modelo judicial de duplo grau de jurisdição* ou *instâncias,* quanto à organização e funcionamento dos tribunais. O modelo comporta apenas dois níveis. Os Tribunais Municipais e Provinciais configuram a primeira instância. Por seu turno, o Tribunal Supremo representa a segunda instância.

Temos, assim, um *sistema de justiça única*[44] ou *sistema judicial unificado* estruturado sob a forma piramidal. O Tribunal Supremo, como entidade judiciária de segunda instância, encontra-se no topo do sistema judicial, de acordo com a al. b) do artigo 10.º) da Lei-quadro do sistema de justiça, e está dividido em Câmaras, *inter alia,* a Câmara do Cível e Administrativo, prevista no artigo 19.º, exercendo competência *genérica e especializada.*

O Tribunal Supremo funciona, ainda, em Plenário, como tribunal de última instância e de jurisdição de recurso (artigo 15.º do mesmo diploma).

Os Tribunais Provinciais, cuja jurisdição se traduz no território da respectiva Província, são criados de acordo com a divisão político-administrativa e estão divididos em Salas, de entre elas, a Sala do Cível e Administrativo, tal como preceitua o artigo 27.º da Lei 18/88, de 31 de Dezembro.

Em termos de construção e organização jurisdicional angolana, respeitou-se, em princípio, o chamado *princípio da unidade do poder judiciário,* a partir do qual se estruturou o sistema angolano do controlo judicial. A ordem jurisdicional comum é integrada por várias jurisdições.

Esta é, realmente, a característica essencial do sistema angolano de controlo jurisdicional, sobretudo da actividade administrativa. O sistema angolano assenta na ideia de realização da justiça administrativa junto dos tribunais comuns.

Contudo, se esta foi a intenção do legislador angolano, facto é que não se pode dizer, de todo, nem se pode afirmar categoricamente, que o sistema jurisdicional angolano sempre foi ou é, realmente, unificado. Em nossa opinião, nunca foi um sistema unificado, como se pretendeu. A própria Lei-quadro do sistema unificado de justiça já apontava para o caminho de unificação "mitigada", se considerarmos que ela não incluiu os Tri-

---

[44] *Organização judiciária única,* no entendimento de VASCO GRANDÃO RAMOS, *Direito... Ibidem.*

52   Direito do Contencioso Administrativo Angolano

bunais Militares nesta pretensa "unidade judicial", nem tampouco a jurisdição laboral.

Por exemplo, no seu artigo 5.°, cuja epígrafe é "divisão judicial", já se nota o desvio a tal unidade de jurisdições que, na altura, proliferavam[45]. Basta ver o enunciado do n.° 1 do mesmo artigo, ao consagrar que "*a divisão judicial ajusta-se à divisão político-administrativa do Estado, salvo quanto aos Tribunais Militares*[46]".

A propósito, determina, ainda, o n.° 2 do artigo 6.° do mesmo diploma, que tem como epígrafe "hierarquia dos tribunais", que "*em matéria de jurisdição militar os Tribunais Militares são tribunais de primeira instância*". Claramente, está aqui subjacente a ideia de especialização da jurisdição militar, tanto é que, em termos de organização e funcionamento, não seguem a hierarquia estabelecida pelo sistema unificado de justiça.

III. De referir que a ideia de unidade do sistema judicial angolano foi fortemente afectada com a entrada em vigor da actual Lei Constitucional, se atendermos ao facto de que ela, nos termos dos artigos 125.° e 234.°, prevê a criação do Tribunal Constitucional.

Na verdade, o artigo 125.° da Lei Constitucional "*abalou*" ou pôs em causa a estrutura da pretensa unidade do sistema judicial. Em primeiro lugar, para além do Tribunal Supremo, consagrou o Tribunal Constitucional, fora daquele quadro unitário, nos termos do n.° 1 do mesmo artigo, quando diz que "além do Tribunal Constitucional, os tribunais estruturam-se, nos termos da lei, de acordo com as categorias de Tribunais Municipais, Tribunais Provinciais e Tribunal Supremo". Em segundo lugar, a Lei Constitucional habilita o legislador ordinário a criar Tribunais de Contas, Administrativo, Fiscal, Marítimo e Arbitral, apartados dos tribunais comuns.

Mesmo que se diga que a justiça militar estava ligada ao sistema unificado, consagrado na Lei-quadro do sistema judicial unificado, através da

---

[45] A proliferação de jurisdições deve ser compreendida em função da história dos órgãos de justiça angolanos. Após a independência, em 1975, as estruturas e o modelo de organização dos órgãos de justiça, fundamentalmente, se reconduziam ao período anterior. A este respeito, di-lo Caetano de Sousa, In *Instituições Judiciais em Angola*, Relatório de Mestrado, apresentado no 2.° Curso, na Universidade Agostinho Neto, 2004, p. 2, que "*seguiu-se um momento em que conviviam as instituições antigas com correcções pontuais que, não alterando as instituições em si, lhe davam outro figurino*".

[46] No mesmo sentido parece perfilhar Vasco Grandão Ramos, *Direito Processual Penal, Noções Fundamentais*, Ler & Escrever, Luanda, 1995, p. 117.

criação da Câmara dos Crimes Militares, no Tribunal Supremo (artigo 20.°
da Lei 18/88, de 31 de Dezembro), não deixa de ser verdade que, ao nível
dos Tribunais Militares de 1ª instância, já não se pode dizer o mesmo. Os
Tribunais Militares de 1ª instância, designadamente os Tribunais Militares
Regionais e de Guarnição, mantiveram-se e funcionaram sem estarem inte-
grados orgânica, material e hierarquicamente no sistema judicial unificado.

A confirmar a dificuldade funcional da justiça militar, ao nível do
Tribunal Supremo, foi aprovada Lei 5/94, de 11 de Fevereiro, sobre a Justiça Penal Militar, que extinguiu a Câmara dos Crimes Militares. A aprovação desta Lei tornou visível a fragmentação da unidade, ao instituciona-
lizar os órgãos da justiça penal militar, desde a Policia Judiciária Militar,
a Procuradoria Militar, até aos Tribunais Militares (Conselho Supremo de
Justiça Militar, o Supremo Tribunal Militar e os Tribunais Militares Regionais, de Zona e de Guarnição).

A justiça militar autonomizou-se por completo. Aliás, foi uma mera
restituição da sua autonomia na cúpula. Repare-se que se mantiveram os
órgãos judiciários militares de 1ª instância e foram criados, no topo, um
Supremo Tribunal Militar e o Conselho Superior de Justiça Militar.

Até aí, existiam em Angola duas jurisdições, apartadas uma da outra,
e cada uma delas com dignidade e órgão superior como instância de
recurso. Pronunciando-se sobre o mesmo assunto, RUI FERREIRA[47] é de
opinião de que, "por razões circunstanciais objectivas, o sentido da unidade foi beliscado pela existência duma jurisdição militar própria, estruturada desde a base, encabeçada por um Tribunal Militar de nível superior[48]".

Um ano depois, concretizando o comando constitucional do n.° 3 do
artigo 125.°, foi aprovada a Lei 5/96, de 12 de Abril, que cria o Tribunal
de Contas, com jurisdição em todo o território nacional (artigo 2.°), sendo
o órgão judicial especialmente encarregue de exercer a fiscalização finan-
ceira do Estado e demais pessoas colectivas públicas, o que veio, simplesmente, confirmar o carácter fragmentário do sistema judicial angolano, tão
amplamente propalado.

---

[47] RUI FERREIRA, *A Democratização e o Controlo dos Poderes Públicos nos Países
da África Austral*, Dissertação de Mestrado, Coimbra, polic., 1995, p. 648.

[48] Quanto à jurisdição militar, a solução que Angola perfilha assemelha-se ao caso
brasileiro. No Brasil, tal como em Angola, para além do Supremo Tribunal Federal, que é
o órgão máximo do poder judicial, existe o Superior Tribunal Militar que, em Angola, se
reconduz ao Supremo Tribunal Militar.

Por outro lado, é preciso, também, ter em conta que a jurisdição laboral, na essência, não foi contemplada pela Lei-quadro. Por força da extinção dos Tribunais do Trabalho, ocorrida com a aprovação da Lei n.° 9/81, a justiça laboral era realizada pelas comissões laborais municipais, provinciais e pela comissão laboral nacional. Apesar de não serem verdadeiramente órgãos judiciais, funcionavam como se o fossem.

A jurisdição laboral só passou a integrar e a ser exercida pelos tribunais, com a aprovação da Lei n.° 22-B/92, que extingue as chamadas comissões laborais[49], quatro anos depois de entrar em funcionamento o designado "sistema judicial unificado".

Posteriormente, a Lei 16/03, sobre a Arbitragem Voluntária, criou o Tribunal Arbitral, que se equipara aos tribunais judiciais, ao abrigo dos artigos 37.°, 38.° e 39.° do mesmo diploma.

Isto dito, significa que o sistema judicial angolano não é – duvida-se que tenha sido – unificado, nem no plano formal, muito menos no plano funcional. Por conseguinte, temos um sistema formal de múltiplas jurisdições[50], mas restringido, plenamente, no modo de organização e funcionamento pelas opções legislativas do legislador ordinário. Se, na intenção do legislador, o sistema visava congregar todas as jurisdições numa só cúpula, esta pretensão foi, depois, afectada pela autonomização de algumas jurisdições.

Há muito que o sistema judicial angolano deixou de estar unificado; aliás, dificilmente terá estado, mesmo no seu plano inicial. Houve, sim, uma tentativa mal sucedida de unificação de todas as ordens jurisdicionais, de tal forma que o sistema judicial angolano não pode ser apelidado, *tout court*, como sendo de unidade ou sistema judicial unificado, tal como se tem feito, ignorando a existência de outras ordens jurisdicionais, destacadas da jurisdição comum.

Por tudo isto, entendemos que não se deve ignorar a opção do legislador constitucional que propendeu para a solução de pluralidade de juris-

---

[49] Sobre a jurisdição laboral neste período, pode ver-se JÚLIA DE CARVALHO, *O Regime Jurídico do Despedimento em Angola*, Tese de Mestrado (não publicada), Lisboa, 1997, pp. 155 a 158; VALENTIM COMBOIO, *O Direito do Trabalho em Angola*, Tese de Mestrado (não publicada), Lisboa, 1997, pp. 212 a 218.

[50] CARLOS FEIJÓ, *Procedimento Administrativo e Contencioso Administrativo*, Luanda, 1999, p. 72, designa-o como "*sistema tendencialmente unificado* de justiça até à criação de tribunais administrativos".

Parte II   55

dições. Falar em unidade do nosso sistema judicial é simplista, é não atender à realidade normativa e factual da ordem jurisdicional angolana, pelo que realçamos que o sistema angolano pode ser caracterizado como sistema de múltiplas jurisdições e de unidade material mitigada.

IV. Chegados até aqui, resta saber em que sede são analisadas as relações jurídico-administrativas controvertidas. Ao abrigo do artigo 43.º da Lei Constitucional, os litígios emergentes das relações administrativas são de apreciação jurisdicional. Adopta-se, em Angola, o *modelo judicialista* de organização dos tribunais, por estes serem os órgãos constitucionalmente competentes para administrar a justiça, em nome do povo (artigo 120.º)[51].

---

[51] Se o legislador constitucional consagrou o princípio democrático assente nos princípios da *soberania popular* e da *representação democrática*, nos termos em que o "povo é, ele mesmo, o titular da soberania do poder, mas também o povo é o titular e o ponto de referência desta mesma legitimação" [GOMES CANOTILHO, *Direito Constitucional, Direito Constitucional e Teoria da Constituição*, 7ª Edição, Almedina, 2003, p. 287], a questão que pode ser levantada é a de saber se, de facto, os tribunais podem decidir em nome do povo. Na verdade, nos termos da teoria da *representação democrática*, o órgão a quem se confere o mandato, uma vez legitimado, age e exprime a vontade geral em nome do povo que representa. A propósito, diz Reinhold Zippelius que "o povo actua através da vontade dos seus representantes a quem confere *mandato* para exprimir a vontade em seu lugar" [REINHOLD ZIPPELIUS, *Teoria Geral do Estado*, 3ª Edição, Fundação Calouste Gulbenkian, 1997, 238]. Significa que os representantes devem ser mandatados pelo povo, porquanto é no *mandato popular* que reside o fundamento legitimador do poder dos representantes, bem como o poder de decidir em nome desse mesmo povo, pelo que urge indagar com que fundamento os tribunais angolanos administram a justiça *"em nome do povo"* (artigo 120.º/1 da L. C), sendo que estão desprovidos do carácter de órgãos representativos, por falta de legitimidade directa, própria ou típica do princípio democrático, previsto no artigo 3.º da Lei Constitucional. Ora, não havendo delegação e/ou *representação formal* e *material* do povo, a actividade e "posição constitucional do juiz não é pautada pela relação de representação ou pelo carácter de representatividade" [GOMES CANOTILHO, *Direito Constitucional... ibidem*], de tal modo que a formulação constitucional que determina que os tribunais angolanos administram a justiça *"em nome do povo"*, pelo menos, não é de se aceitar e é de alcance duvidoso, por os tribunais angolanos terem uma mera legitimidade legal e não democrática. Logo, não é aceitável falar-se em decisão judicial ou administração da justiça em nome do povo, como se o mesmo povo tivesse conferido mandato. Os tribunais angolanos, enquanto órgãos de soberania, decidem em nome do Estado que integram e da Lei. Na verdade, quem na ordem constitucional angolana legitimamente decide e exerce poderes de representação em nome do povo são o Presidente da República (L.C, 56.º/1; 57.º/1) e a Assembleia Nacional (L.C, 78.º/1). Daí que, à semelhança do que se disse em relação aos tribunais, seja, também, necessário reanalisar a terminologia legal para apro-

Na realidade, não se põe em causa a competência jurisdicional dos tribunais, para apreciar a legalidade dos actos emanados pelos órgãos da Administração.

Por saber, fica, então, a opção do legislador angolano, quanto à assunção do *dualismo* ou do *monismo* jurisdicional, em matéria do contencioso administrativo.

Para o caso concreto de Angola, ao contrário de outras ordens jurídicas, tal como a moçambicana, por exemplo, a opção em adoptar tribunais comuns ou administrativos para resolver os litígios não foi, inicialmente, assumida pelo texto constitucional, de tal sorte que a jurisdição administrativa foi formalmente criada com a aprovação da Lei 18/88, de 31 de Dezembro, anterior ao actual texto constitucional.

Esta Lei sobre o sistema de justiça estabeleceu a *ordem jurisdicional comum* e, dentro desta, procurou integrar outras ordens jurisdicionais, de entre elas, naturalmente, a *ordem jurisdicional administrativa*, tendo optado por criar a Câmara e a Sala do Cível e Administrativo do Tribunal Supremo e do Tribunal Provincial, respectivamente.

De recordar que a existência de uma *ordem jurisdicional administrativa* ficou reforçada com a aprovação da Lei 17/90, de 20 de Outubro. Muito ousada e, independentemente de a Constituição vigente na altura, não se referir à possibilidade de os tribunais fiscalizarem a actividade da Administração, em nossa opinião, o seu artigo 27.º vem reforçar a ideia de *jurisdição materialmente administrativa*, prevista na Lei-quadro do Sistema de Justiça. Sobre isto, o seu enunciado é claro, quando afirma que para a apreciação das *questões contenciosas* que digam respeito à Administração Pública, bem como à fiscalização sobre actos que envolvam nomeação ou contratação de funcionários da Administração Pública, serão

---

vação de leis, prevista no art. 6.º da Lei 18/93, de 30 de Julho, sobre o formulário de diplomas legais. Estará mais conforme com os princípios da *soberania popular* e da *representação democrática,* consagrados na Lei Constitucional, se, no formulário de diplomas legais, no acto legislativo parlamentar, ao invés da fórmula adoptada no formulário legal e utilizada para aprovação de leis, se consagrar a seguinte redacção: *"Nestes termos, ao abrigo do artigo 88.º da Lei Constitucional, por mandato do Povo (ou em nome do Povo), a Assembleia Nacional aprova a seguinte lei"*. Só com base na formulação proposta e os tribunais a decidirem em nome do Estado e da Lei, estaremos a preencher as dimensões materiais e as "dimensões organizativo-procedimentais" [GOMES CANOTILHO, *Direito Constitucional... ibidem*] dos princípios da *soberania popular* e da *representação democrática* na ordem constitucional angolana.

competentes as Salas e Câmara dos Tribunais Provinciais e do Tribunal Supremo, respectivamente.

A partir do seu enunciado, podemos proceder ao recorte *material da jurisdição administrativa*. A previsão do legislador – que determina que a apreciação das *questões contenciosas que digam respeito à* Administração Pública, bem como à fiscalização sobre actos que envolvam nomeação ou contratação de funcionários da Administração Pública serão competentes as Salas e Câmara dos Tribunais Provinciais e do Tribunal Supremo – estabelece, pelo menos no plano *funcional e material*, a par do *organizatório*, a *função jurisdicional administrativa* no quadro da *ordem jurisdicional comum*, isto é, integrada nos tribunais comuns.

Fica, então, por questionar o limite ou âmbito material dessa jurisdição, se considerarmos que a formulação é bastante genérica. De facto, a formulação das *"questões contenciosas"* que digam respeito à Administração é nebulosa, tão vasta, que nem sequer dá margem para delimitar o que cai no âmbito da jurisdição material administrativa.

CARLOS FEIJÓ[52], pronunciando-se sobre este critério amplo, diz que duas hipóteses se levantam para determinar a intenção do legislador. Para ele, a primeira deve "concentrar na Câmara e Salas as competências para dirimir os conflitos em que a Administração é parte, independentemente da natureza da relação jurídica controvertida (cível, administrativa, fiscal, aduaneira, etc)"; a segunda deve "limitar à Câmara e às Salas competências para dirimir conflitos resultantes das relações jurídico-administrativas".

Pela amplitude do critério, não se pode dizer que haja um recorte estrutural, que permita compreender que matérias são apreciadas nesta jurisdição material administrativa, na fase embrionária do contencioso angolano, pelo que deve corresponder à não diferenciação do tipo e natureza do acto, desde que emane da Administração Pública.

Contudo, com a Lei de Revisão constitucional de 1991, de 6 de Maio, determinou-se, expressamente, no artigo 81.º, que "os tribunais decidem sobre a legalidade dos actos administrativos[53]". Através deste artigo, já foi

---

[52] *Comentário ao primeiro Acórdão do Tribunal Supremo, em matéria do Contencioso Administrativo: o caso CONFABRIL, em* Revista da Ordem dos Advogados de Angola, n.º 2, 1999, p. 80.

[53] Para CAETANO DE SOUSA, *em Instituições Judiciais em Angola*, Relatório de Mestrado, apresentado no 2.º Curso, UAN, 2004, p. 6, *"este artigo é revolucionário na história constitucional de Angola, porque pela primeira vez atribui competência aos tribunais para decidirem sobre a legalidade dos actos da Administração Pública"*.

58   *Direito do Contencioso Administrativo Angolano*

possível proceder-se ao recorte estrutural do que se possa entender por "questões contenciosas". Questões contenciosas, afinal, referem-se aos "actos administrativos".

V. Estavam, de facto, lançadas as bases para o exercício da jurisdição material administrativa.

Esta é a fase pioneira da jurisdição material administrava, dado que o modelo histórico de organização da ordem judicial angolana passou a ser parte integrante da ordem jurisdicional comum emergente na segunda República. A arquitectura judicial não foi alterada, mesmo com a aprovação da Constituição de 1992.

Diga-se mesmo que a Constituição de 1992 não foi inovadora: melhor dito, não foi ousada, ao ponto de prever uma instância judiciária administrativa autónoma, que não se subordine ao Tribunal Supremo. Apesar de se ter previsto no n.º 3 do artigo 125.º a possibilidade de criação da ordem jurisdicional administrativa, a verdade é que se limitou, unicamente, a consolidar a opção feita pela Lei-quadro sobre o sistema de justiça. Por conseguinte, não estabeleceu uma imposição constitucional para a criação da ordem jurisdicional administrativa autónoma. Deixou esta possibilidade ao critério do legislador ordinário[54], podendo não se efectivar se a lógica da sua criação residir sempre na ausência ou insuficiência de condições logísticas e humanas.

Entre o modelo de organização *monista* e o modelo de organização *dualista* de jurisdições, ou seja, entre os tribunais comuns e os tribunais administrativos autónomos, prevaleceu a primeira solução.

Logo se percebe que, em Angola, no plano organizatório, se verifica o *monismo da judicatura*, contrastando com o carácter dualista no plano do *direito substantivo* e *processual,* aplicável aos litígios emergentes nas relações jurídico-administrativas. Assim, partindo da Lei 18/88, de 31 de Dezembro, que prevê, no artigo 19.º, a Câmara do Cível e Administrativo do Tribunal Supremo e no artigo 27.º a Sala do Cível e Administrativo do Tribunal Provincial, por força da qual integra o contencioso administrativo na jurisdição comum[55], a organização jurisdicional administrativa vem des-

---

[54] Na linguagem de Paulo Castro Rangel, *apud* José Manuel Sérvulo Correia, *Direito do Contencioso Administrativo*, I, Lisboa, 2005, p. 856, trata-se de um *«sistema de jurisdição administrativa facultativa»*.

[55] A *organização e função jurisdicional administrativa* estão descritas e desenvolvidas, fundamentalmente, na Lei n.º 2/94, de 14 de Janeiro, sobre a impugnação dos actos

crita e desenvolvida, fundamentalmente, na Lei n.° 2/94, de 14 de Janeiro, sobre a impugnação dos actos administrativos e no Decreto-Lei 4-A/96, de 5 de Abril, sobre o processo contencioso administrativo.

Com efeito, a *função jurisdicional administrativa* está plasmada no artigo 15.° da Lei n.° 2/94, de 14 de Janeiro, que consagra um *sistema de duplo grau de jurisdição ou instância,* cometendo ao Tribunal Supremo e aos Tribunais Provinciais a competência de conhecer os recursos de anulação de actos administrativos e as acções derivadas de contratos administrativos. Refira-se, entretanto, que a orgânica das instâncias judiciais administrativas em Angola é vista no quadro da ordem jurisdicional comum, ou seja, a Lei 18/88, de 31 de Dezembro, integra a Câmara do Cível e Administrativo do Tribunal Supremo e as Salas do Cível e Administrativo dos Tribunais Provinciais na jurisdição comum.

Sendo que a justiça administrativa é realizada pelas Câmaras e Salas do Cível e Administrativo do Tribunal Supremo e dos Tribunais Provinciais, respectivamente, a Lei n.° 2/94, para além de estabelecer a organização jurisdicional administrativa angolana, permite também determinar qual é o tribunal competente em matéria contenciosa (artigos 17.°, 18.° e 19.°).

O Tribunal Provincial, que comporta a Sala do Cível e Administrativo (artigo 18.° da Lei 2/94), funciona como tribunal de 1ª instância e compete-lhe conhecer dos recursos dos actos administrativos dos órgãos locais do poder do Estado, abaixo do Governador Provincial, das pessoas colectivas de direito público e das empresas públicas de âmbito local. Compete-lhe, também, conhecer das acções derivadas de contratos de natureza administrativa, celebrados pelos órgãos locais do Estado, abaixo do Governador Provincial, e pelas pessoas colectivas públicas de âmbito local e de outros recursos e acções que lhe sejam cometidos por Lei.

Por sua vez, ao Tribunal Supremo, cuja Câmara do Cível e Administrativo, nos termos do artigo 17.° da Lei 2/94, funciona, por um lado, como instância de recurso de decisões administrativas proferidas pelos Tribunais Provinciais, por outro, compete conhecer em 1ª instância dos recursos dos actos administrativos dos membros do Governo, dos Governadores Provinciais e das pessoas colectivas de direito público de âmbito nacional; das acções derivadas de contratos de natureza administrativa, celebrados pelos

---

administrativos e no Decreto-Lei 4-A/96, de 5 de Abril, sobre o processo contencioso administrativo.

órgãos e organismos referidos anteriormente e de outros recursos e acções que lhe sejam cometidos por Lei.

Nos termos do artigo 16.° da mesma lei, compete ao Plenário do Tribunal Supremo conhecer dos recursos dos acordos proferidos pela Câmara do Cível e Administrativo, em 1ª instância. O Plenário do Tribunal Supremo decide e conhece dos recursos dos actos materialmente administrativos praticados pelo Presidente da República, Presidente da Assembleia Nacional, do Governo e do Presidente do Tribunal Supremo. Nestes casos, o Plenário funciona como primeira e única instância, já que dos seus acórdãos não cabe recurso.

Se é certo que a organização jurisdicional administrativa, em homenagem ao chamado *princípio da unidade do poder judiciário*, foi integrada nos tribunais comuns, a partir dos quais se estruturou o sistema angolano do controlo jurisdicional da Administração Pública, temos que aludir que o sistema jurisdicional assenta na ideia de realização da justiça administrativa junto dos tribunais comuns. Os tribunais comuns decidem sobre os litígios em que a Administração Pública é parte, por aplicação de normas de Direito Administrativo.

Portanto, esta é, realmente, a característica essencial do sistema angolano do controlo jurisdicional da actividade administrativa. Dentro da ordem jurisdicional comum, adoptou-se a modalidade de *"especialização*[56]*" «no seio de uma ordem jurisdicional*[57]*»*.

VI. Questiona-se, porém, a bondade da solução perfilhada pelo legislador ordinário. Quanto a nós, o problema não reside no facto de se ter optado pelo *"monismo da judicatura*[58]*"*. Aliás, não é nenhuma "heresia" jurisdicional que assim seja. Simplesmente, inquieta-nos a solução adoptada sobre a "especialização" da jurisdição administrativa. O Tribunal Supremo, de acordo com a al. b), artigo 10.° da Lei-quadro do Sistema Unificado de Justiça, está dividido em Câmaras, uma delas a do Cível e Administrativo (artigo 19.°), e exerce competência *genérica e especializada*.

---

[56] De tal modo que no seio daquele se *"especializa"* a jurisdição administrativa.

[57] Cfr. CARLOS FEIJÓ, *Procedimento Administrativo e Contencioso Administrativo*, Luanda, 1999, p. 72.

[58] Empregamos a expressão do Prof. SÉRVULO CORREIA, proferida no Curso de Mestrado em Ciências Jurídico-Políticas, na Faculdade de Direito da Universidade Agostinho Neto, 2005.

Parte II

O exercício da competência genérica e especializada foi a solução encontrada para fundamentar a integração da jurisdição administrativa nos tribunais comuns.

Contudo, a questão subsiste: a Câmara do Cível e Administrativo, descrita no artigo 17.º da Lei 2/94, e a Sala do Cível e Administrativo (artigo 18.º) têm mesmo competência especializada? Há verdadeira "especialização" da jurisdição administrativa na Câmara do Cível e Administrativo do Tribunal Supremo nas Salas do Cível e Administrativo dos Tribunais Provinciais? Para nós, a organização jurisdicional administrativa angolana, prevista na Lei 18/88 e desenvolvida pela Lei 2/94, através da Câmara e Salas do Cível e Administrativo, não está estruturada e muito menos funciona como uma jurisdição *especializada*. Naturalmente, este modelo de organização jurisdicional administrativa não é de especialização. A forma *monista* de resolução de relações administrativas controvertidas, consagrada na Câmara ou na Sala do Cível e Administrativo, consoante o caso, não é a mais adequada. A própria designação legal (*cível e administrativo*) vem asseverar, simplesmente, a nossa reticência quanto ao seu carácter especializado.

É demasiado ambígua e prolixa a formulação legal para aferirmos que a Câmara e as Salas do Cível e Administrativo têm natureza especializada. Que especialidade é esta que faz um *"casamento"* – até que a reforma os separe – entre o cível e administrativo e do qual resulte a Câmara ou a Sala, com assento legal de casamento *"cível e administrativo"*? Trata-se de uma união a contragosto da verdadeira vocação da jurisdição administrativa, de tal maneira que as questões administrativas controvertidas são apreciadas por juízes da jurisdição ordinária comum, quando, de facto, requerem a especialização de matérias e do seu corpo aplicador[59].

Não é raro, no nosso caso, encontrar processos judiciais decididos por juízes de sensibilidade civilística, o que prejudica a adequada *"especialização de competências para as causas administrativas*[60]*"*, aduaneiras e fiscais. Claro que, neste particular, reside, igualmente, um dos desafios do contencioso administrativo angolano, porquanto haveremos, inevita-

---

[59] Refere SÉRVULO CORREIA, *Direito do Contencioso Administrativo*, I, Lisboa, 2005, p. 864, que «*a especialização do juiz contribui decisivamente para a qualidade da justiça*».

[60] SÉRVULO CORREIA, *Direito, idem*, p. 868.

62   *Direito do Contencioso Administrativo Angolano*

velmente, de atender à máxima, segundo a qual «*julgar a administração é específico*[61]».

O Cível e Administrativo confundem-se no plano substantivo. Mas, também, se confundem no domínio funcional. Para realçar a ambiguidade, ao contrário da designação legal (cível e administrativo), a prática encarregou-se de estabelecer outra designação. Hoje, basta ler uma qualquer sentença ou acórdão respeitantes às matérias cíveis, administrativas, laborais e familiares, para chegarmos à conclusão de que nos Tribunais Provinciais a designação legal sofreu alteração, passando para "*Sala do Cível e Administrativo, Trabalho e Família*". Do mesmo modo, no Tribunal Supremo, o que a lei designou Câmara do Cível e Administrativo está a ser agora designado por "*Câmara do Cível e Administrativo, Trabalho e Família*". É claro que esta "evolução nominal" só vem dificultar a especialização; por conseguinte, duvida-se da sua especialidade, de tal modo que a Câmara e Salas se estruturam e funcionam como *Câmara e Salas "de banda larga*", onde cabem e se confundem as matérias de natureza civil e administrativa, outras vezes, até as laborais e familiares.

Exemplos disso, entre muitos, não faltam, e temos o caso do Tribunal Provincial de Benguela, que tem uma Sala de Crimes Comuns com duas secções e, apenas, uma Sala do Cível e Administrativo, Trabalho e Família[62]. Um outro exemplo, que ilustra bem a falta de especialização da jurisdição administrativa, está no Tribunal Provincial de Luanda, que é composto pela Sala do Cível e Administrativo, Sala de Crimes Comuns, Sala de Família, Sala do Trabalho, Sala de Questões Marítimas e o Julgado de Menores. A Sala do Cível e Administrativo desdobra-se em três secções, nomeadamente a 1ª Secção da Sala do Cível e Administrativo; a 2ª Secção do Sala do Cível e Administrativo e a 3ª Secção da Sala do Cível e Administrativo. As secções podiam, perfeitamente, ser desdobradas em secções do cível e uma outra do administrativo, por exemplo. Manter como está, ou é incompreensão do legislador, que não teve em conta que as matérias administrativas se distinguem das cíveis, daí a necessidade de

---

[61] Jean-François Hertegen, *A Utilidade de uma Jurisdição Administrativa, In* Revista Jurídica da Faculdade de Direito da Universidade Eduardo Mondlane, Maputo, Volume IV, 2000, p. 119.

[62] Sobre a composição das instituições de justiça em Angola, pode ver-se em Luís Paulo Monteiro Marques, *Labirinto do Sistema Judicial Angolano, Notas para a sua compreensão*, Edição do autor, 2004, p. 47 e ss.

especialidade em matérias a que digam respeito, ou é falta de noção legislativa de que ambas requerem especialização, ou é incoerência da organização jurisdicional das duas jurisdições, confundindo-se orgânica e funcionalmente.

É claro que este modelo de organização jurisdicional de *"banda larga"* não cumpre a tarefa de especialização necessária, se atendermos ao facto de que deve existir uma fronteira entre a jurisdição comum e a jurisdição administrativa, embora integrada nos tribunais comuns. Mesmo que a clarificação da organização não implique, para já, a criação de uma instância judiciária administrativa autónoma, é preciso que haja bipartição entre o cível e o administrativo, não podendo confundir-se numa: a especialização das matérias é uma exigência da qual não nos podemos alhear mais, de forma a garantir a celeridade processual e a boa administração da justiça administrativa em Angola.

VII. Por fim, entendemos que é necessário inventariar os deméritos e perspectivar as vantagens e as melhores soluções, tendo em conta as condições objectivas, sejam elas de natureza logística, territorial e humana, sejam elas, ainda, de natureza quantitativa (número de processos jurídico-administrativos), para podermos construir um modelo adaptado às nossas condições e às nossas capacidades humanas, materiais e funcionais.

Significa isto que, efectuado o diagnóstico sobre o funcionamento da jurisdição administrativa, a questão central está em saber se deve ser ou não institucionalizada a ordem jurisdicional administrativa autónoma. O modelo *monista da judicatura* é, perfeitamente, aceitável e não repugna à essência do contencioso administrativo, desde que se lhe dê funcionalidade efectiva quanto ao contencioso administrativo. Daí entendermos que, mesmo no quadro da ordem jurisdicional comum, o modelo pode ser operacional se for reorganizado e reestruturado, dotando-o de uma verdadeira jurisdição administrativa, separada, orgânica e funcionalmente, da jurisdição civil. Uma e outra representam realidades distintas, cujo "casamento legal"[63] dificulta a essência de especialização e a lógica de criação de jurisdição autónoma.

---

[63] Nos termos da Lei do Sistema Unificado de Justiça.

5.2. *Sistema processual do contencioso administrativo angolano*

É o sistema processual angolano de tipo subjectivista ou objectivista? O nosso sistema processual do contencioso administrativo é do tipo objectivista: temos um recurso do contencioso administrativo por natureza, um contencioso que trata dos actos administrativos, cujas regras resultam do Decreto-Lei 4-A/96, de 5 de Abril. É, essencialmente, um contencioso por natureza, porque é, na realidade, virado para a impugnação dos actos administrativos e, além do mais, não tem regras próprias do contencioso dos regulamentos, ou seja, não existe na lei, mormente na Lei 2/94, de 14 de Janeiro e no Decreto-Lei 4-A/96, de 5 de Abril, qualquer referência ao contencioso regulamentar; como sistema de feição objectivista que é, tem uma espécie de contencioso por atribuição dos contratos administrativos.

O sistema do contencioso administrativo angolano é objectivista, pois protege mais a legalidade e o interesse público. Mais ainda: ao juiz angolano, em matéria de recurso contencioso, compete unicamente anular actos administrativos considerados ilegais (artigo 21.° do Decreto-Lei 4-A/96), não se podendo substituir à Administração Pública, ordenando o comportamento devido. Acrescido a este facto, está a circunstância de os poderes de cognição dos juízes angolanos serem extremamente limitados: daí que não haja uma jurisdição plena. Em todo o caso, CARLOS FEIJÓ[64], no seu ensino, salienta que o desenvolvimento constitucional do sistema do contencioso administrativo angolano suscita várias interpretações. No essencial, a questão fulcral prende-se com o sentido de interpretação que se deve dar ao artigo 43.°, quando diz que "os cidadãos têm o direito de impugnar e de recorrer aos tribunais, contra todos os actos que violem os seus direitos estabelecidos".

Basicamente, a questão é esta: terá o legislador ordinário dado ou não a máxima execução ao artigo 43.° da Lei Constitucional? Ora, se o legislador ordinário, por um lado, prevê a definitividade, sobretudo, vertical, como pressuposto de procedibilidade do recurso contencioso e se, por outro lado, não prevê a responsabilidade civil da Administração, nem a acção para o reconhecimento de um direito, será que o legislador ordinário deu execução devida ao artigo 43.° da Lei Constitucional?

---

[64] Cfr. CARLOS FEIJÓ, *Procedimento Administrativo e Contencioso Administrativo*, Luanda, 1999.

Parte II

O que se pretende saber é se o legislador angolano deu a devida efectividade e expressão à lei fundamental angolana – que atribui aos particulares a faculdade de impugnarem todos os actos – quando se constata que o mesmo legislador não consagra o contencioso regulamentar, só prevê parte do contencioso por natureza e não prevê, de todo, o contencioso por atribuição.

Questiona-se, por outro lado, se aquele dispositivo constitucional atribui aos cidadãos o direito de proporem acções de reconhecimento de um direito. Por exemplo, se alguém necessita de utilizar ou explorar algo do domínio público, mas a Administração não quer reconhecer-lhe esse direito, pode, com base naquela norma constitucional, mover-se uma acção para que esse seu direito, a existir, seja reconhecido pelo tribunal? São permitidos recursos ou acções contra regulamentos? Estar-se-á em face da consagração de um sistema de protecção sem lacunas, de um sistema que deu a máxima expressão e efectividade ao princípio da tutela jurisdicional efectiva, consagrado no artigo 43.º da LC?

Sobre os quesitos levantados, CARLOS FEIJÓ[65] é de opinião de que há duas correntes que se perfilam para dar resposta ao estabelecido no artigo 43.º da Lei Constitucional.

A primeira, *tese das opções*, segundo a qual o legislador constitucional deixou ao critério do legislador ordinário a faculdade de opção, ou seja, o legislador ordinário tem poder discricionário na construção do modelo de contencioso administrativo. Para os defensores desta tese, o artigo 43.º da Lei Constitucional consagra a tutela jurisdicional efectiva (protecção jurisdicional sem lacunas) indiciando a construção dum modelo essencialmente subjectivista.

A *tese da não efectividade* (ou da não execução do direito à tutela jurisdicional efectiva), segundo a qual o artigo 43.º da LC atribui dignidade constitucional ao direito à impugnação contenciosa como direito fundamental. A tutela jurisdicional efectiva, como direito fundamental, implica a concretização do seu conteúdo preceptivo mínimo, de tal modo que se pode dizer que o modelo angolano não deu execução à lei fundamental ou não extraiu a máxima efectividade do artigo 43.º da LC, porquanto o legislador ordinário apenas prevê o contencioso dos actos e dos contratos

---

[65] Apontamentos dos Sumários de Contencioso Administrativo para os Alunos do 5.º Ano, da Faculdade de Direito da Universidade Agostinho Neto, Inédito.

administrativos (não prevendo o contencioso regulamentar, para as acções de responsabilidade civil nem para as acções de reconhecimento de um direito).

O artigo 43.º da Lei Constitucional, por ser um direito fundamental à tutela jurisdicional efectiva, imediatamente exequível, deve ser interpretado de acordo com o princípio constitucional da máxima efectividade, que preconiza a máxima força possível ao preceito constitucional, não se devendo restringir o seu conteúdo. O legislador, ao criar normas infra-constitucionais, deve esgotar a letra e o espírito daquele artigo. Por esta razão, a legislação complementar, ao não prever outros tipos de meios contenciosos, para além do acto e do contrato, não deu expressão efectiva e máxima, nem deu operacionalidade prática a esse preceito.

6. Jurisdição Administrativa – âmbito e limites

A abordagem do âmbito da jurisdição administrativa, a sua essencialidade, está no facto de se tentar divisar os actos que não são apreciados em sede do contencioso administrativo. Se o Governo, na veste de órgão superior das Administrações Públicas, exerce, para além da função administrativa, a função política e legislativa, "é também inquestionável que os mecanismos de impugnação contenciosa em direito administrativo existam por causa e para os actos administrativos (prevenção ou correcção de violações ou irregularidades de que possam estar viciados).

No mesmo sentido, ANTÓNIO PITRA NETO[66] destaca que se, organicamente, podem provir da mesma fonte actos de natureza, género ou finalidades diversas, deverá ser no contexto específico de cada função estadual que tais actos, eventualmente irregulares, devem ser censurados. Por isso, e apenas por isso, é que os actos de natureza política não são passíveis de impugnação em sede do Direito Administrativo: eles representam um dos géneros de acto irrecorríveis por via do contencioso administrativo. Para JORGE MIRANDA[67], além da tese puramente negativista, que os define através de inimpugnabilidade perante os tribunais administrativos, várias são

---

[66] Cfr. ANTÓNIO PITRA NETO, *A Lei da impugnação dos actos administrativos, Notas e Comentários*, *In* Procedimento Administrativo e Contencioso Administrativo, Textos e Legislação, Luanda, 1999, p. 29.

[67] Cfr. JORGE MIRANDA, *O acto de Governo, In* Polis, Vol. 3, p. 70.

as teses sobre os actos políticos que têm sido propostas: a do móbil político, a da causa objectiva, a da discricionariedade absoluta, a da execução da Constituição, etc. A lei substantiva do contencioso administrativo trata esta questão no artigo 8.º da Lei 2/94, de 14 Janeiro, ao estabelecer as exclusões e, deste modo, ficam de fora da competência de jurisdição administrativa, nos termos do seu n.º 1, os actos administrativos proferidos em processo de natureza disciplinar, laboral, fiscal ou aduaneiro ou de natureza cível que sejam afectos à jurisdição própria, bem como os actos de natureza política (trata-se duma delimitação negativa dos actos recorríveis contenciosamente).Também o objecto do recurso contencioso incide sobre as decisões *materialmente administrativas*, ou melhor, tomadas em matéria administrativa e visam a produção de efeitos jurídicos numa situação individual, num caso concreto (artigo 63.º do Decreto-Lei 16-A/95). Abarcamos aqui os actos não organicamente administrativos, praticados por órgãos estranhos à Administração Pública.

6.1. *Limites da jurisdição administrativa angolana*

6.1.1. *Limites materiais*

Na jurisdição administrativa, interessam as relações *jurídico-administrativas inter-subjectivas*, entre sujeitos de direito[68]. Por consequência, devem ser preteridas as relações *jurídico-administrativas intra-orgânicas*, isto é, entre órgãos ou entre órgãos e titulares da mesma pessoa colectiva pública.

Na história do contencioso administrativo angolano, já houve um processo insólito, apreciado e decidido no Tribunal Supremo, interposto por um Vice-Ministro contra o acto administrativo de transferência de um funcionário para outra área praticado pelo respectivo Ministro. Se, pelo menos, o Tribunal Supremo julgou improcedente o recurso, o certo é que apreciou uma relação jurídico-administrativa intra-orgânica, entre um órgão (Vice-Ministro) e o titular (Ministro) do mesmo Ministério.

A par da controvérsia e falta de legitimidade do Vice-Ministro, temos para nós que os litígios intra-orgânicos são justiçáveis. Nada repugna, nos

---

[68] Por todos, conferir José Carlos Vieira Andrade, *A Justiça Administrativa (Lições)*, 6.ª Edição, Almedina, 2004.

Direito do Contencioso Administrativo Angolano

termos do artigo 43.° da Lei Constitucional, que um órgão impugne um acto administrativo de eficácia externa de outro órgão da mesma pessoa colectiva pública, considerado lesivo de direitos de outro órgão. É neste quadro que se admite que um presidente de um órgão colegial impugne um acto ilegal praticado pelo respectivo órgão[69].

6.1.2. *Limites funcionais*

Em resultado da construção do sistema do contencioso administrativo angolano, essencialmente objectivista, a jurisdição administrativa tem limites funcionais quanto ao conteúdo dos poderes dos juízes. Estes, apenas, fiscalizam e limitam-se a anular ou a declarar nulo, não podendo nunca condenar a administração na prática do acto administrativo devido, tal como no sistema subjectivista. Por outro lado, no que toca ao objecto do exercício da jurisdição administrativa, é necessária uma decisão administrativa prévia.

---

[69] Sobre o assunto, vide PEDRO GONÇALVES, *A justiciabilidade dos litígios entre órgãos da mesma pessoa colectiva pública*, Cadernos de Justiça Administrativa (CJA), N.° 35.

PARTE III

CAPÍTULO IV
O Processo Contencioso Administrativo

7. Meios de impugnação contenciosa

I. Cada pretensão dirigida aos tribunais administrativos deve adoptar um determinado meio processual, isto é, uma forma tipificada de a veicular, sem o que não pode ser recebida pelo tribunal.

Assim sendo, entende-se por meios processuais, o conjunto de mecanismos criados pela ordem jurídica, à mercê dos particulares e através dos quais estes acedem aos tribunais, para a efectivação das suas garantias. Tais meios podem ser classificados em principais e acessórios[70]. São principais, "quando são autónomos, isto é, o seu uso não está dependente de qualquer outro, e acessórios, quando ocorre tal dependência". Os meios processuais principais referem-se aos recursos contenciosos contra actos e regulamentos ilegais e abusivos de direitos e interesses legítimos dos particulares, e as acções contenciosas administrativas sobre contratos administrativos[71]. Por sua vez, os meios acessórios dizem respeito ao pedido de suspensão da eficácia do acto administrativo, ao pedido de intimação para a adopção ou obtenção de certos comportamentos, ao pedido de produção antecipada de provas, etc.

Do ponto de vista geral, o recurso contencioso não é senão o pedido de impugnação feito perante um tribunal, tendo em vista a obtenção da

---

[70] A diferença entre estas duas grandes categorias de meios processuais assenta no critério da autonomia: a utilização de cada meio principal é independente do eventual uso de qualquer outro meio processual; já a utilização de um meio acessório se encontra na dependência de outro meio processual, este de carácter principal. Cfr. JOÃO CAUPERS, *Introdução ao Direito Administrativo*, 8ª Edição, Âncora Editora, 2005, p. 322.

[71] Os meios processuais principais, pelo seu lado, também se podem subdividir em dois grupos: os meios processuais urgentes – que beneficiam de regras que visam acelerar a sua tramitação – e os outros meios processuais – que são tramitados a uma velocidade, digamos, " normal". Cfr. JOÃO CAUPERS, *ob. cit.* p. 322.

anulação de um acto administrativo ou ainda de um regulamento ilegal. Dito de outro modo: consiste no pedido de reapreciação jurisdicional de uma decisão administrativa.

Para o nosso contencioso, ao contrário do português, que resulta da reforma, o recurso é contra o acto administrativo, que é tradicionalmente designado por recurso contencioso de anulação, podendo, também, pedir-se ao tribunal a declaração de invalidade ou inexistência. A sua função está, particularmente, virada para atacar um acto administrativo considerado lesivo. De certo, a nossa Lei admite não só um ataque ao acto manifestado de forma expressa *(facere)*, mas também aos actos tácitos, quando haja uma omissão da Administração *(non facere)* – artigo 10.° do Decreto-Lei 4-A/96. Já quanto à acção, ela consiste no pedido feito ao tribunal, para uma primeira definição do direito aplicável a um litígio que opõe a Administração a um particular. A acção contenciosa, para além da principal sobre contratos administrativos, pode ter como mote ou substrato o reconhecimento de um direito ou interesse legalmente protegido. Trata-se, no fundo, de propor uma acção declarativa para o reconhecimento de um direito ao particular. É claro que, a partir dessa acção, se consegue um título executivo, que pode servir de base a outras reivindicações, tais como o contencioso dos contratos, as acções sobre a responsabilidade da Administração, quer por actos de gestão pública, quer por actos de gestão privada, as acções especificadas e as acções não especificados (os procedimentos cautelares especificados e não especificados). A ideia que se põe, *hic et nunc*, quanto às acções não especificadas, é a de saber se, não estando prevista ou tipificada a forma processual para fazer valer um direito, admite-se, mesmo assim, a possibilidade de interpor uma acção de providência cautelar não especificada. Temos entendido que, fazendo apelo à tutela jurisdicional efectiva (artigo 43.° da LC), é plenamente admissível. O importante é ter como fonte uma relação jurídico-administrativa para delimitar o âmbito do contencioso administrativo.

II. A respeito do recurso e da acção, fala-se em diferença[72]/[73]. Em-

---

[72] Há que referir que o recurso corresponde ao contencioso administrativo por natureza, ao passo que a acção corresponde ao contencioso administrativo por atribuição, infelizmente ainda em Angola.

[73] Com a reforma do contencioso administrativo português esta distinção deixou de existir, passando a tratar-se, somente, por acção, seja ela para o acto ou para o contrato. Cfr. VASCO PEREIRA DA SILVA, *inter alia, Novas e Velhas Andanças do Contencioso Adminis-*

bora ambos sejam meios contenciosos, a diferença, no ordenamento contencioso administrativo angolano, está em que o recurso é um modo de reacção contra a actuação da Administração Pública, enquanto a acção é um meio utilizado ainda que não haja uma actuação da Administração. O recurso visa, com efeito, resolver um litígio sobre o qual a Administração Pública já manifestou a sua posição, e fê-lo através do uso do seu poder autoritário, determinando o direito aplicável a uma situação concreta. Foi a Administração Pública, actuando como poder, que definiu unilateralmente o direito aplicável. O que o particular impugna, ataca ou contesta é, tão só, a definição ou conduta manifestada pela Administração, naquela situação concreta. Por este facto, diz-se que o recurso é um meio de impugnação *a posteriori,* a uma situação previamente decidida pela Administração. O mesmo não acontece com a acção, que tem em vista a resolução de um litígio sobre o qual a própria Administração ainda não se pronunciou. Quando o particular vai a tribunal, não vai sindicar uma primeira definição do direito que tivesse sido aplicado pela Administração activa; vai, sim, pedir ao tribunal que faça, ele, a primeira definição do direito e o tribunal fá-lo-á por meio de uma sentença de declaração do direito aplicável ao caso concreto. Daí dizer-se, com frequência, que a acção é um meio *a priori,* porque visa obter do tribunal, em primeira instância, a solução que o direito consagra em determinado caso. Por isso, e só por isso, à partida, ainda não há uma decisão em concreto.

7.1. *O contencioso na sua acepção processual*

A acepção processual do contencioso administrativo não deve ser confundida com o procedimento administrativo, o qual estabelece o modo da Administração revelar ou manifestar a sua vontade, quer através da prática de um acto administrativo, quer através da celebração de um contrato, quer ainda através da produção de actos normativos.

O procedimento administrativo será um conjunto de actos e formalidades, quando disciplinar o funcionamento e a actuação dos órgãos da

---

trativo – Estudos sobre a Reforma do Processo Administrativo, AAFDL, Lisboa, 2005; CARLOS ALBERTO FERNANDES CADILHA, *Dicionário de Contencioso Administrativo,* Almedina, 2006, pp. 15 a 31; ALEXANDRA LEITÃO, *Algumas questões a propósito da acção administrativa especial,* Cadernos de Justiça Administrativa (CJA), N.° 47, p. 3.

Administração que, para prosseguirem os interesses públicos postos por lei a seu cargo, devam praticar ou executar actos jurídicos. O processo contencioso administrativo, enquanto direito adjectivo do direito substantivo, forma o conjunto de normas e princípios jurídicos que disciplinam os tipos ou meios processuais ao dispor dos interessados na justiça administrativa. Assim, a acepção processual contenciosa não é senão o conjunto de normas e princípios jurídicos que regulam o direito de defesa dos particulares junto dos tribunais face à actuação da Administração Pública.

Como normas adjectivas, regulam o acto de defesa dos particulares junto dos tribunais contra a actuação da Administração. Afirmamo-lo, também, com CARLOS TEIXEIRA[74], que será processo contencioso quando disciplinar o funcionamento de um órgão independente com competência para decidir, a instância dos interessados e com força de caso julgado, as contestações surgidas acerca da legalidade dos actos jurídicos, anteriormente praticados pela Administração.

8. Formas do processo contencioso administrativo

I. Falar sobre as formas do processo é o mesmo que perguntarmos quais os meios ao dispor dos particulares para fazerem valer os seus direitos face ao actuar da Administração Pública. Quais os meios com que contar para impugnar actuações administrativas?

Em princípio, são vários. Mas é nesta matéria sobre os tipos, meios ou formas processuais no processo contencioso administrativo, que se tem falado do *princípio da tipicidade das formas processuais*. Com base neste princípio, tradicionalmente, dizia-se que os particulares só poderiam impugnar seguindo os meios processuais previstos na lei. A nossa lei de processo contencioso administrativo, tal como já foi aludido, que não prevê o chamado processo contencioso dos regulamentos, nem a possibilidade de um particular impugnar contenciosamente junto dos tribunais administrativos contra um regulamento, assim como também não prevê outros tipos de processos contenciosos, daria azo ao questionamento se, de facto, o ordenamento jurídico angolano prevê o contencioso dos regulamentos administrativos.

---

[74] CARLOS TEIXEIRA, *As garantias de defesa do cidadão perante a Administração Pública*, Luanda, polic. 1998, p. 6.

Ora, na perspectiva tradicional da tipicidade das formas processuais, não estando previsto, logo não deve ser utilizado como meio processual contra o contencioso do regulamento e outros não previstos. Porém, este princípio da tipicidade das formas processuais deve ser interpretado em conformidade com a Constituição. E fazendo apelo ao conteúdo essencial do artigo 43.º da Lei Constitucional, que consagra o direito à tutela jurisdicional efectiva, deve ter-se, assim, um sistema de protecção sem lacunas, que inclui outros processos de recursos contenciosos, para além dos actos administrativos. É, essencialmente, uma das dimensões da tutela jurisdicional efectiva. Por outro lado, deve-se relacionar a tutela jurisdicional efectiva com o direito ao recurso à justiça, como direito fundamental, evitando-se actos conducentes à denegação da justiça. Na verdade, a tutela jurisdicional efectiva deve dar lugar a uma pretensão regularmente dirigida em juízo, nos termos do artigo 2.º do Código de Processo Civil.

II. Hoje, o princípio da tipicidade das formas processuais não deve significar que só se deve admitir os meios processuais previstos na lei, pois que são perfeitamente admissíveis as diversas formas processuais, desde que se conformem com o direito fundamental à tutela jurisdicional efectiva e o direito ao acesso à justiça administrativa. Imagine-se que para a concretização da tutela jurisdicional efectiva para um particular seja necessário lançar mão a um meio processual não previsto por lei. Ainda que não esteja previsto por lei, deve ser admitido. O simples facto de não estarem previstas as providências cautelares não especificadas, levar-nos-ia a concluir que o contencioso administrativo angolano não as admite? Se levarmos ao extremo o princípio da tipicidade das formas processuais, seríamos obrigados a concluir pela inadmissibilidade de tais providências, o que não é de aceitar, por tal conclusão não se conformar com o direito fundamental à "tutela jurisdicional efectiva", da qual decorre que a cada direito violado deve corresponder uma acção, nos termos do artigo 2.º do Código de Processo Civil, até porque as razões desta interpretação assentam no facto de a nossa lei sobre o contencioso administrativo mandar aplicar subsidiariamente o Código de Processo Civil.

Diz o n.º 2 do artigo 1.º do Decreto-Lei 4-A/96, que "no que não estiver neste diploma, são aplicáveis as disposições relativas ao funcionamento da Administração Pública e supletivamente as normas do Processo Civil". E como este prevê as providências cautelares não especificadas, fica ultrapassada a questão, havendo, por isso, duas razões que concorrem para a admissibilidade no contencioso administrativo das providências cautelares não especificadas.

Quanto aos meios processuais em si consagrados na nossa lei, pela concepção objectivista do nosso sistema, nota-se um grande e quase exclusivo contencioso contra actos administrativos. Existem, no entanto, outros meios processuais: processo de suspensão da eficácia dos actos administrativos, processo de intimação para consulta de documentos ou passagem de certidões, as acções sobre contratos, as acções sobre responsabilidade civil, as acções para obter o reconhecimento de um direito ou de interesse legalmente protegido e os processos de recursos jurisdicionais, que, no fundo, são processos de recursos contra as decisões dos tribunais, quer contra as decisões dos Tribunais Provinciais, quer contra as decisões do Tribunal Supremo.

Também há processos de execução de casos julgados, que são os casos em que, após uma decisão, se o Estado ou o particular não dá o devido cumprimento à decisão judicial, ocorre um processo especial para se exigir ao Estado a devida execução da sentença proferida.

CAPÍTULO V
Princípios gerais do processo contencioso administrativo

9. Princípios do processo administrativo

As normas processuais administrativas exprimem, no seu conjunto, um sistema de princípios, no duplo sentido de que lhes dão concretização e, por seu turno, permitem a sua formulação, a partir das soluções estabelecidas. Em geral, as normas jurídicas assentam e fundamentam-se em determinados princípios, são o desenvolvimento destes. E o Direito do Contencioso Administrativo não foge à regra.

Existem vários critérios para classificar estes princípios. Perfilhamos a classificação dada por JOSÉ CARLOS VIEIRA DE ANDRADE, que adopta os seguintes critérios: quanto à promoção ou iniciativa processual; quanto ao âmbito do processo; quanto à prossecução processual; quanto à prova ou instrução e quanto à forma processual[75].

9.1. *Princípios relativos à promoção processual*

A iniciativa processual cabe aos particulares interessados nos actos a impugnar. São os interessados que têm que desencadear o processo – é este o princípio do dispositivo estudado em Processo Civil – artigo 2.º do Decreto-Lei 4-A/96.

Esta faculdade que os particulares têm de dar o impulso processual, exprime o princípio da iniciativa ou promoção particular. O titular de um direito individual ou colectivo tem a faculdade de demandar em juízo para

---

[75] WLADIMIR BRITO, *Lições de Direito Processual Administrativo*, Coimbra, 2005, pp. 89 a 113, adopta outros critérios para classificar os princípios gerais do processo administrativo, designadamente: quanto à disciplina da acção; quanto à jurisdição e quanto à disciplina do processo.

a defesa dos seus direitos que foram ou que possam vir a ser violados pela actuação da Administração Pública ou quando seja parte no contrato administrativo (alíneas a) e b) do artigo 3.º do Decreto-Lei 4-A/96).

O artigo 3.º do Decreto-Lei 4-A/96 diz quem tem legitimidade para demandar no contencioso administrativo. Em princípio, são as partes interessadas que promovem o processo contencioso administrativo. Nem sempre é assim, porque não são as partes em determinadas situações a terem a iniciativa processual.

Portanto, este primeiro princípio desdobra-se em três sub-princípios, a saber: *princípio do dispositivo* – cabe aos particulares desencadear ou despoletar o processo; princípio da oficiosidade ou do acusatório – a iniciativa é pública e o Ministério Público é obrigado a demandar por se violar a Lei Constitucional (inconstitucionalidade) e a lei ordinária (ilegalidade); *acção popular* – que abrange todo o cidadão, independentemente de ser lesado ou não, ou as associações de interesses difusos – artigo 3.º alínea e) do CPA).

9.2. *Princípios relativos ao âmbito do processo ou da neutralidade judicial*

Há que considerar aqui, fundamentalmente, três princípios: o *princípio da vinculação do juiz ao pedido*; o *princípio da limitação do juiz pela causa de pedir* e *o princípio da estabilidade objectiva da instância*.

9.2.1. *Princípio da vinculação do juiz ao pedido*

Conhecido também por princípio da congruência entre a decisão e o pedido, em princípio deve haver correspondência entre o pedido e a decisão que há-de ser tomada. Este princípio pode ser analisado em duas dimensões: uma positiva e outra negativa. Na primeira, o tribunal tem a obrigação de apreciar todas as questões que lhe são solicitadas – artigo 21.º. Interessa aqui, fundamentalmente, a dimensão negativa que pretende a proibição do excesso judicial. Nesta última dimensão, o tribunal não pode apreciar ou decidir no processo senão aquilo que lhe é solicitado pelas partes. É o pedido e a causa de pedir que hão-de determinar o âmbito do processo e o juiz não pode sair fora do que lhe é pedido. Imagine-se um acto administrativo, simultaneamente, ilegal por preterição de formalidades essenciais – (vício de forma) e por possuir vícios substanciais; se o recorrente pede unicamente a anulação por vício de forma, o juiz, em princípio, não deve conhecer também na mesma sentença os vícios substanciais. Deve respeitar o preceituado no artigo 21.° do Decreto-Lei 4-A/96 e artigos 660.° e 661.° do Código do Processo Civil[76]. Em sede do processo civil, a questão é rigorosa. No contencioso administrativo, porém, porque está em causa o interesse público, o juiz pode ir além do pedido, desde que para melhor decidir se sinta na obrigação de o fazer e, por outro lado, por se tratar de actos que devem ser apreciados em toda a sua dimensão. É preciso ter em conta que o recurso contencioso deve abranger a invalidade do acto ou a sua anulação e se ele só vai conhecer a anulação também tem que conhecer a invalidade. Se repararmos no artigo 77.° do Decreto-Lei 16--A/96, damo-nos conta de que a nulidade de um acto é invocável a todo o tempo e pode ser declarada por qualquer tribunal. A conjugação dos artigos 8.°, 21.° e 77.°, antes referidos, leva-nos à conclusão de que ainda que só tenha pedido a anulação, o juiz também pode conhecer da nulidade, pois a nulidade é de conhecimento oficioso. Aqui, nota-se um desvio à vinculatividade do juiz ao pedido, em homenagem ao interesse público. Já no processo civil, as coisas não se passariam do mesmo modo.

9.2.2. Princípio da limitação do juiz pela causa de pedir

Ao decidir, em homenagem a este princípio, o tribunal pode unicamente basear a sua decisão em factos invocados no processo. Quer dizer que só as razões de facto e de direito alegadas pelas partes podem constituir o fundamento da decisão que há-de ser tomada. Em síntese, a causa de pedir delimita a decisão.

Aqui também existem excepções. Se forem apresentados fundamentos de anulabilidade, o juiz pode, igualmente, conhecer da nulidade, pelas mesmas razões de interesse público, por poderem ser invocados a todo o tempo e o seu conhecimento pode ser oficioso. Só no Processo Civil vigora até ao extremo o princípio do dispositivo.

---

[76] A condenação em quantidade superior ou em objecto diverso do pedido é causa de nulidade da sentença (vide art. 668.°, n.° 1, al. e) do CPC).

9.2.3. *Princípio da estabilidade objectiva da instância*

De acordo com este princípio, o pedido inicialmente efectuado e a causa de pedir invocada devem manter-se até à decisão final, porque delimitam a instância. O pedido e a causa de pedir que são determinados logo no início do processo, na petição inicial ou requerimento inicial, mantêm-se até à decisão final.

Contudo, este princípio não é absoluto, comportando excepções. Suponhamos, assim, a título de exemplo, que, no requerimento inicial, o demandante não alega um determinado facto, em virtude de o não conhecer ou, então, pela circunstância de o mesmo não se ter ainda verificado (facto superveniente). Admitindo que, no decurso do processo, o demandante vem a tomar conhecimento desse facto, é de admitir que o possa ainda invocar.

A apreciação da nulidade ou da anulabilidade de um acto é, naturalmente, feita tendo por referência o próprio acto, não tendo, neste domínio, qualquer relevo os factos supervenientes. Aliás, a invocação dos factos supervenientes só é compreensível nos actos de execução instantânea. Quanto aos actos que se prolongam no tempo, este princípio vale só para os actos de execução instantânea, não tendo aplicabilidade nos actos de execução duradoura.

9.3. **Princípios relativos à tramitação do processo**

Toda a tramitação processual deve ser determinada por lei. Há também que ter em conta alguns princípios relativos à prossecução processual. São princípios relativos ao decurso, condução e extinção do processo.

9.3.1. *Princípio da tipicidade da tramitação processual*

Em resultado do princípio da legalidade processual, este princípio impõe que os trâmites e a sequência dos actos processuais devam ser fixados por lei. Portanto, os trâmites e a respectiva sequência devem ser determinados por lei.

9.3.2. *Princípio do dispositivo*

O nascimento, desenvolvimento e morte do processo ficam ao critério do interesse das partes ou à sua responsabilidade. O mesmo é dizer que compete às partes interessadas na dinamização do processo.

Todavia, é preciso dizer que há excepções em que o Ministério Público tem que prosseguir com o processo, mesmo que as partes tenham a pretensão de desistir do processo – tudo isso tem como fundamento o interesse público – artigos 13.°, 136.°/4 e 18.° do Decreto-Lei 4-A/96 (auto-responsabilidade das partes). Tratando-se de um acto manifestamente ilegal ou inconstitucional, o Ministério Público deve prosseguir o processo até ao veredicto final. Também, aqui, nota-se um desvio à auto-responsabilidade das partes. Há casos em que é necessário fazer-se algumas diligências de provas. Nestas circunstâncias, há um desvio, quer da vinculatividade do pedido, quer da causa de pedir (artigo 23.° do Decreto-Lei 4-A/96).

9.3.3. *Princípio do contraditório*

Todos os interessados devem participar activamente no processo, para que se tenha uma decisão fundada, pelo que a intervenção das partes, no processo, deve ser plena, de modo a permitir uma decisão fundamentada.

No contencioso administrativo encontramos outras manifestações deste princípio, designadamente a necessidade de haver notificação e citação para resposta e contestação, tal como consta no artigo 47.° do CPA. Outras vezes, o princípio manifesta-se na necessidade das alegações complementares (artigo 53.° do CPA).

Isto tem, também, como consequência a obrigação de notificação ou citação para contestação ou resposta e a possibilidade das partes fazerem as suas alegações.

Pelo que o direito de ser ouvido – de contraditar – para que se tome uma decisão justa é conteúdo que podemos encontrar no princípio do contraditório.

9.4. Princípios relativos à instrução processual

9.4.1. Princípio da investigação

O princípio da investigação é concretizado em circunstâncias específicas, dele decorrendo, basicamente, que os fundamentos da decisão do juiz não têm de se limitar aos factos invocados pelas partes, uma vez que prevalece a verdade material sobre a verdade formal. Assim, o juiz pode ordenar ou sugerir as diligências que achar convenientes para a busca da verdade material[77] (artigo 51.º do Decreto-Lei 4-A/96).

Este princípio também tem limites, sendo que o juiz não pode violar o princípio da tipicidade da tramitação processual e o âmbito do processo, previamente fixado pelo pedido e pela causa de pedir.

9.4.2. Princípio da limitação dos meios de prova

É outra excepção ou desvio ao princípio do inquisitório ou da investigação. Aqui, o juiz também está limitado quanto aos meios de prova aceitáveis. Não se admitem todas e quaisquer provas, pelo que as provas que ofendam os direitos fundamentais ou contrariem preceitos constitucionais não são permitidas, tais como as escutas telefónicas não autorizadas.

9.4.3. Princípio da repartição do ónus da prova objectivo

Num determinado processo contencioso administrativo não funciona o ónus subjectivo, isto é, não se consideram só os factos alegados e provados por uma das partes.

Reparte-se o ónus da prova objectivo, o que pressupõe a repartição adequada dos encargos e alegações, de modo a repartir o risco da falta de prova, ao invés do processo civil em que vigora o ónus da prova subjec-

---

[77] No fundo, a verdade não é nem formal nem material. A forma ou método de chegar à verdade é que pode assentar num critério material ou num critério formal, vide VASCO GRANDÃO RAMOS, *Direito Processual Penal, Noções Fundamentais*, Ler & Escrever, Luanda, 1995, p. 94.

Parte III 83

tiva e são considerados os factos que uma das partes prova. Pelo contrário, o juiz administrativo deve contrabalançar os factos alegados por uma e outra parte. Tem-se dito que no Direito do Contencioso Administrativo nota-se um desvio em relação à regra do Direito Processual Civil, que consta do artigo 342.° do Código Civil, segundo a qual, aquele que alega um direito tem o ónus da respectiva prova. No Direito do Contencioso Administrativo isso não é suficiente, sendo necessário que se faça uma repartição dos encargos, porque aqui não se faz a prevalência de um direito subjectivo. O contencioso administrativo não tem como função apreciar se uma ou outra parte tem um direito subjectivo: o que está em causa é a apreciação da conformidade de um acto com a lei.

São estas, sumariamente ditas, as razões que determinam a não aplicação do regime do artigo 342.° do Código Civil.

9.5. *Princípios relativos às formas processuais*

Trata-se dos princípios relativos à forma e à publicidade das decisões.

Quanto ao primeiro, no contencioso administrativo não tem importância nenhuma o princípio da oralidade, porque o processo contencioso administrativo assume sempre a forma escrita (artigo 105.° do Decreto-Lei 4-A/96). Não segue a regra da audiência, discussão e julgamento, nem o princípio da imediação.

Quanto ao segundo, sobre o princípio da publicidade das decisões, as decisões dos tribunais devem ser notificadas às partes e dadas a conhecer publicamente. Em qualquer processo, as partes devem ser notificadas dos actos judiciais que as afectam directamente ou que lhes são destinados. Os actos judiciais que põem fim ao processo devem ser publicados (artigo 58.° do Decreto-Lei 4-A/96).

CAPÍTULO VI
O Recurso Contencioso de Anulação

10. Conceito

Tem-se dito que o recurso contencioso de anulação[78/79] nasceu da necessidade de conciliar o princípio da separação de poderes com o controlo da actividade administrativa.

É um meio de impugnação de um acto administrativo, interposto perante o tribunal competente, a fim de obter a anulação ou a declaração de nulidade ou de inexistência desse acto. Fala-se em recurso contencioso de anulação, porque é o meio mais normal, é o meio processual regra no nosso contencioso administrativo e, uma vez desencadeado, pede-se a anulação do acto administrativo praticado. JOÃO CAUPERS[80] diz-nos que, inicialmente, "entendeu-se que o acto administrativo – acto unilateral e autoritário, que não tem paralelo nas actuações dos cidadãos no mundo jurídico privado – já consubstanciava uma primeira decisão sobre um caso da vida, que a Administração Pública procura resolver dentro daquilo que ela considera ser o respeito pelo direito, exercitando as suas prerrogativas enquanto poder (administrativo)". O tribunal administrativo reapreciava essa decisão. Daí o termo recurso[81]. Para distinguir este recurso daquele outro,

---

[78] A expressão "recurso contencioso de anulação" não é, inteiramente, rigorosa, pois, com este recurso pode visar-se não a anulação do acto, mas a declaração da nulidade ou inexistência do acto impugnado. Parece-nos preferível, por isso, a expressão sintética "recurso contencioso" e, assim, adicionar-lhe a palavra anulação, declaração de nulidade ou inexistência do acto, conforme o que se pretender em cada caso.

[79] Quanto ao conceito de recurso contencioso, para mais desenvolvimento, vide FREITAS DO AMARAL, *Direito Administrativo*, Vol. IV, Lisboa, 1988.

[80] JOÃO CAUPERS, *op. cit.* 260.

[81] Há quem prefira chamar-lhe uma *acção*, conforme o artigo 2.º do Código do Processo Civil, onde se diz que "a todo direito corresponde uma acção". Sobre a designação, VASCO PEREIRA DA SILVA foi pioneiro a levantar o problema, preferindo designá-lo por

86   *Direito do Contencioso Administrativo Angolano*

que consiste em solicitar a um tribunal administrativo que reaprecie uma decisão tomada por outro tribunal administrativo, acresceu-se a designação anulação. Bem vistas as coisas, o contencioso administrativo é um recurso ou uma acção e visa a anulação de actos, ou seja, eliminar um acto inválido, obtendo, para tal, a necessária sentença que reconheça essa invalidade.

É preciso, entretanto, notar que, no caso do artigo 8.° do Decreto-Lei 4-A/96, na parte que diz que "no recurso contencioso de anulação de actos administrativos o pedido pode abranger a invalidade do acto ou a sua anulação total ou parcial", das várias modalidades de invalidade a lei só faz referência à anulabilidade parcial ou total, mas o certo é que ela pode também abranger a invalidade do acto, tanto quanto a nulidade, bem como a inexistência. Por isso, deve interpretar-se[82] o artigo 8.° de forma correctiva, de modo a abranger também a nulidade e a inexistência. Este é, de facto, o recorte técnico possível deste artigo. Aliás, se repararmos no n.° 2 do artigo 77.° do Decreto-Lei 16-A/96, de 15 de Dezembro, em relação à nulidade, os tribunais, tal como a regra geral contida no Direito Civil, podem conhecer oficiosamente de tal nulidade e a todo o tempo. Nestes termos, e por força deste artigo, o contencioso administrativo não visa, tão só, a anulação, está também inserta a nulidade e a inexistência do acto sobre que pende a impugnação. Portanto, no contencioso administrativo de anulação, o pedido é mesmo de anulação. Mas, quando tem como escopo a nulidade ou a inexistência, o pedido é de declaração de nulidade ou inexistência, consoante o caso. Por causa dessa realidade, o tribunal ou declara e não condena ou anula o acto administrativo, pelo que num caso anula o acto através de uma sentença e, noutro, a sentença é simplesmente declarativa. Daí a exigência de o pedido dever ser bem formulado, bem fundamentado e conciso.

A terminar, há que dizer que, à face da ordem jurídica administrativa angolana, o artigo 78.° do Decreto-Lei 16-A/95 estabelece a anulabilidade como consequência regra da invalidade do acto e só nos casos excepcionais regulados no artigo 76.° se estabelece a nulidade como consequência. Enfim, os actos passíveis de anulação ou actos anuláveis, em princípio, produzem efeitos jurídicos até que o tribunal os declare inválidos.

---

acção. Cfr. Vasco Pereira da Silva, *Para Um Contencioso Administrativo dos Particulares – Esboço de Uma Teoria Subjectiva do Recurso Directo de Anulação*, Almedina, Coimbra, 1989.

[82] Cfr. Freitas do Amaral, *Direito Administrativo*, Vol. IV, Lisboa, 1988, p. 109.

10.1. **Elementos do recurso contencioso**

Os elementos essenciais da causa ou condições de existência da acção, são aqueles sem os quais não chega sequer a existir um processo ou uma relação jurídica processual: as partes, o pedido, a causa de pedir e, de algum modo, o objecto (mediato). Outro elemento essencial da causa é a existência de um tribunal, independentemente da competência, não havendo processo se a petição for dirigida a um órgão não judicial. Quando se estuda o recurso contencioso de anulação, devemos distinguir os elementos subjectivos dos elementos objectivos.

10.2.1. *Elementos subjectivos – Os sujeitos e as partes*[83].

Na doutrina processualista, em geral, tem sido feita a distinção entre sujeitos processuais e partes processuais. Também, no contencioso administrativo, achamos por bem ser útil fazer tal distinção. Com efeito, sujeitos, em sentido amplo, são as pessoas entre as quais se estabelecem relações jurídicas processuais.

Em sentido estrito e técnico, que é o que agora nos interessa, sujeitos processuais são apenas «aqueles participantes a quem competem direitos e deveres processuais autónomos[84]», no sentido de que, através das suas próprias decisões, podem determinar, dentro de certos limites, a concreta tramitação do processo.

Neste sentido, sujeitos processuais são: o juiz (titular da jurisdição), o Ministério Público, o recorrente e o recorrido.

Partes processuais são os sujeitos processuais que «discutem a causa e têm a faculdade quer de formular pretensões ao titular da jurisdição (juiz) quer de impugnar e contradizer as formuladas pela outra parte[85]»; são aqueles sujeitos processuais que discutem a causa e esperam do juiz uma decisão e apreciação dela. Assim, partes processuais são o recorrente,

---

[83] As partes têm várias designações: recorrente e recorrido; demandante e demandado, autor e réu. Para nós, é indiferente, não relevam tanto as designações apontadas, apesar de a lei utilizar a designação recorrente.

[84] Cfr. VASCO GRANDÃO RAMOS, *Direito Processual Penal, Noções Fundamentais*, Ler & Escrever, Luanda, 1995, pp. 111-112.

[85] Vide VASCO GRANDÃO RAMOS, *ob. cit.*, p. 112.

o recorrido particular e o recorrido público. O *recorrente* é quem interpõe o recurso contencioso, nos termos do artigo 3.º do Decreto-Lei 4-A/96, impugnando o acto administrativo. Tanto pode ser uma pessoa física ou jurídica. O *recorrido* é aquele contra o qual o recurso é demandado e tem por este facto interesse na manutenção do acto recorrido. Ou seja, a sua pretensão é exactamente contra a procedência do recurso (artigo 3.º do Decreto-Lei 4-A/96). Quando se fala nas partes, tenha-se em conta, igualmente, o recurso público, ou seja, fala-se também do recorrido público ou autoridade recorrida, que não é nada mais do que o órgão da Administração Pública contra quem se recorre. Por outro lado, temos os recorridos particulares ou contra-interessados, que são os beneficiários indirectos da conduta da Administração; por isso, o seu interesse é contrário ao do recorrente.

Tomemos como exemplo o contencioso administrativo que opôs a Reitora da Universidade Agostinho Neto ao Ministro da Educação. Na altura, o Ministro da Educação, mediante despacho, suspendeu das funções a Reitora, que havia sido eleita pelos seus pares. A Reitora intentou recurso contencioso contra o acto praticado pelo Ministro, considerando que tal acto era ilegal, por falta de competência do seu autor. Contudo, na pendência do recurso, é indicado um Reitor interino que pratica um conjunto de actos de eficácia externa. Ao mesmo tempo, são realizadas eleições para a designação de um novo Reitor. A Reitora, naturalmente, é a recorrente e o Ministro o recorrido. O Reitor interino e o novo Reitor são os contra-interessados, estando interessados em que o acto seja mantido, têm um interesse contrário ao da recorrente, por terem praticado um conjunto de actos para cuja anulação implicaria a invalidade dos actos praticados por aqueles.

10.2.2. *Elementos objectivos*

Em sentido amplo, os elementos objectivos são o pedido e a causa de pedir; em sentido estrito é o acto administrativo (o objecto). *O pedido* é a pretensão da anulação ou a declaração de nulidade, ou inexistência de um acto administrativo formulada pelo recorrente (artigo 8.º do Decreto--Lei 4-A/96). O pedido, como elemento objectivo, é sempre a anulação ou a declaração de nulidade ou inexistência do acto recorrido. Jamais se solicita a modificação ou substituição do acto, nem a condenação da Administração na prática do acto devido.

Parte III

No requerimento inicial do recurso contencioso, previsto no artigo 41.º, é necessário apresentar-se os factos e as razões em que se baseia o pedido. E quanto ao tribunal, não deve conhecer de outros pedidos senão da anulabilidade ou declaração de nulidade ou inexistência. Claro que em causa está a natureza objectivista do sistema angolano, em sede do qual só consagra o contencioso de mera legalidade e não um contencioso de plena jurisdição. O tribunal competente não pode senão confirmar o acto ou anulá-lo ou declará-lo nulo ou inexistente.

A causa de pedir consiste no fundamento de facto e de direito que sustenta o pedido. O recorrente, ao solicitar o pedido, tem que invocar o fundamento e mencionar as razões de facto e de direito em que se baseia o pedido (artigo 8.º). Normalmente, o fundamento é a invalidade e não a ilegalidade, porque existem actos inválidos, mas não ilegais. Diferenciando-o com o elemento anterior, o pedido é a pretensão da anulação ou declaração de nulidade ou inexistência, já a causa de pedir é o fundamento, a invalidade do acto. Se tivermos em conta o exemplo da nossa jurisprudência administrativa, há-de verificar-se que, no caso Ministro da Educação *versus* Reitora, o pedido traduz-se na declaração de nulidade ou inexistência, ou ainda no pedido de anulação do acto do Ministro. Por seu turno, o fundamento, que consiste na causa de pedir, é justamente a invalidade do acto do Ministro da Educação.

– O *objecto* é um acto administrativo (artigo 8.º). Tem que existir um acto tácito ou expresso, a partir do qual se vão extrair consequências jurídicas de validade ou invalidade (artigo 40.º). Em momento algum há recurso sem objecto.

Aquilo que se vai apurar no recurso é se o acto administrativo é válido ou inválido. Tal apuramento faz-se em função da lei vigente no momento da prática do acto – e não em função da lei que, casualmente, esteja a vigorar no momento em que é proferida a sentença pelo tribunal.

CAPÍTULO VII
Pressupostos Processuais

11. Noção

Os pressupostos processuais são as exigências legais de interposição do recurso. Basicamente, são os requisitos de que dependem o exercício da jurisdição, isto é, as exigências que a lei estabelece para a admissão do recurso e o exercício do poder jurisdicional. Se faltarem, o tribunal recusa o recurso[86]. Os pressupostos processuais também não se confundem com condições de provimento. Estas são aquelas que o tribunal aprecia quando avalia os fundamentos, ou quando decide sobre o fundo da causa. Perante um recurso contencioso, primeiro analisam-se as condições ou os requisitos de procedibilidade e só depois é que se vê se o recurso deve ou não ter provimento: se deve ser julgado procedente ou improcedente.

11.1. *Tipos de pressupostos processuais*

Existem vários tipos de pressupostos processuais, a que nos vamos referir muito sumariamente.

– Os pressupostos podem ser gerais (ou comuns), se são condições de apreciação em juízo de quaisquer litígios administrativos; ou pressupostos especiais, se são exclusivos de certos tipos de acções ou meios processuais;
– Pressupostos positivos, aqueles cuja verificação obriga o juiz a conhecer do mérito da causa; pressupostos negativos, aqueles cuja verificação impede tal conhecimento;

---

[86] Vide FERNANDO BRANDÃO FERREIRA PINTO e GUILHERME FREDERICO DIAS PEREIRA DA FONSECA, *Direito Processual Administrativo Contencioso (Recurso Contencioso)*, 3ª Edição actualizada, Elcla Editora, 1996.

92 Direito do Contencioso Administrativo Angolano

– Pressupostos absolutos (ou de ordem pública) são os de conhecimento oficioso; e os pressupostos relativos, cuja relevância depende, por vezes, da invocação das partes e cuja falta poderá, em certas circunstâncias, ser suprida ou mostrar-se irrelevante;
– Uma outra distinção é a que agrupa os pressupostos conforme sejam relativos ao tribunal, às partes ou ao processo, que corresponde à arrumação que utilizaremos na nossa exposição.

11.1.1. Pressupostos relativos ao tribunal

11.1.2. Competência do Tribunal

I. O único pressuposto processual relativo ao tribunal é o da sua competência. Refere-se a competência do tribunal como condição do exercício da função jurisdicional; por isso, é o primeiro dos pressupostos processuais que deve ser verificado.

Neste caso, a primeira condição de interposição é que o tribunal seja competente. A incompetência do tribunal dá lugar à rejeição do recurso.

A competência do tribunal, pelo facto de ser de ordem pública, é de conhecimento oficioso, ao abrigo do artigo 19.º do CPA: ainda que as partes não aleguem a incompetência nos respectivos articulados, o próprio tribunal deve suscitá-la, por dever de ofício.

A lei processual administrativa angolana tem em conta, somente, a competência material ou em razão da matéria (artigo 19.º), nos termos da qual se devem chamar ao confronto os artigos 17.º e 18.º da Lei 2/94, que estabelecem os mecanismos de interposição dos recursos na Sala e na Câmara do Cível e Administrativo. Significa isto que, em Angola, para se apreciar a invalidade do acto do poder administrativo, a competência é aferida em função dos artigos 17.º e 18.º da Lei 2/94 e, com base neles, ver se o acto é praticado por um órgão cujo recurso é interposto perante o Tribunal Supremo ou por um órgão de que caiba recurso contencioso para o Tribunal Provincial. Ainda assim, quando se fala em competência do tribunal, também se fala em competência territorial, em competência em razão da hierarquia e em competência em razão do valor, tanto assim é que, no caso de ser declarado incompetente o tribunal, em razão do território ou da hierarquia, pode a parte vir requerer a remessa dos autos ao tribunal competente, antes do trânsito em julgado da decisão, nos termos do artigo 20.° do Decreto-Lei 4-A/96. Para estes casos valem as regras do Direito Processual Civil, designadamente, a Lei do Sistema Unificado de Justiça (Lei n.° 18/88, de 31 de Dezembro).

Assim, para estabelecermos a competência hierárquica, devemos conjugar o artigo 6.° da Lei n.° 18/88, de 31 de Dezembro, com os artigos 17.° e 18.° da Lei 2/94.

O Tribunal Supremo tem jurisdição sobre todo o território (artigo 7.° da Lei 18/88, de 31 de Dezembro), sendo, por conseguinte, irrelevante estar-se a questionar a competência em razão do território. Nos mesmos termos, os Tribunais Provinciais têm jurisdição no território das respectivas províncias (artigo 8.° da mesma lei).

A competência em razão do valor diz respeito ao valor da causa. O artigo 15.° da Lei 2/94 prevê regras sobre o valor da causa no recurso contencioso, não obstante a alçada seja determinada atendendo às regras do Processo Civil.

II. Tudo quanto foi dito interessa mais à competência material ou em razão da matéria, aferida nos termos dos já citados artigos 17.° e 18.°, porquanto determinam as balizas das competências da Câmara do Cível e Administrativo do Tribunal Supremo e da Sala do Cível e Administrativo do Tribunal Provincial. A partir daí, já se saberá onde se deve interpor um recurso contencioso quanto a um acto. Estes artigos são, identicamente, basilares para apreciação das acções sobre contratos administrativos. Portanto, servem de igual modo para apreciação do pressuposto processual, a propósito das acções derivadas dos contratos, na medida em que são eles que dizem onde se deve interpor a acção sobre contratos. Na verdade, os artigos 17.° e 18.° da Lei 2/94, de 14 de Janeiro, determinam que:

À Sala do Cível e Administrativo compete conhecer:

– dos recursos dos actos administrativos dos órgãos locais do poder do Estado, abaixo do Governador Provincial, das pessoas colectivas de direito público e das empresas gestoras de serviços públicos de âmbito local;
– das acções derivadas de contratos de natureza administrativa celebrados pelos órgãos e organismos referidos na alínea anterior;
– de outros recursos e acções que lhe sejam cometidos por lei.

94   *Direito do Contencioso Administrativo Angolano*

À Câmara do Cível e Administrativo compete conhecer:

– dos recursos dos actos administrativos dos membros do Governo, dos governadores e das pessoas colectivas de direito público de âmbito nacional;
– das acções derivadas de contratos de natureza administrativa, celebrados pelos órgãos e organismos referidos no artigo 1.°;
– dos outros recursos e acções que lhe sejam cometidos por lei.

Ao Plenário do Tribunal Supremo compete conhecer:

– dos recursos dos acordos proferidos pela Câmara do Cível e Administrativo em 1ª instância;
– dos actos administrativos do Presidente da República, da Assembleia Nacional, do Governo, do Chefe do Governo e do Presidente do Tribunal Supremo.

Quanto aos actos dos titulares dos órgãos de soberania, o Plenário funciona como tribunal de primeira e única instância.

A solução legal do funcionamento do Plenário como tribunal de única instância é discutível, porque os actos dos titulares de órgãos de soberania, uma vez decididos em Plenário transitam em julgado, afastando-se qualquer recurso jurisdicional da decisão judicial tomada em Plenário. Há, manifestamente, uma limitação ao princípio da protecção jurisdicional e das garantias processuais, porquanto das decisões dos tribunais cabe recurso para os tribunais superiores.

11.2. *Pressupostos processuais relativos às partes*

11.2.1. *Personalidade judiciária*

Um dos primeiros pressupostos processuais, numa visão teleológica da relação jurisdicional concernente às partes, é a personalidade judiciária. A personalidade judiciária consiste na possibilidade de requerer ou de contra si ser requerida, em nome próprio, qualquer das providências de tutela jurisdicional previstas na lei (artigo 5.° do CPC). A personalidade judiciária é uma aptidão genérica de demandar ou ser demandado no processo.

Deste modo, partes são as pessoas pelas quais e contra as quais é requerida, através da acção, a providência judiciária[87].

À pessoa que requer em nome próprio ou em nome de quem é requerida a providência judiciária, dá-se o nome de autor, exequente, recorrente ou requerente. À pessoa ou entidade contra quem a providência judiciária é requerida chama-se réu, executado ou recorrido.

A personalidade judiciária corresponde, em regra, à personalidade jurídica, nos termos do artigo 5.º do C.P.C. A personalidade dos órgãos da Administração é aquilatada de acordo com o disposto nos artigos 1.º, 12.º, 15.º, 16.º e 17.º/1, todos da Lei 2/94, de 14 de Janeiro, ao abrigo dos quais têm personalidade judiciária, o Estado, todos os titulares máximos de órgãos da Administração Pública e os titulares máximos de órgãos não administrativos, mas que praticam actos materialmente administrativos e os titulares máximos de órgãos das Autarquias Locais e respectivos órgãos colegiais.

11.2.2. *A capacidade judiciária*

A capacidade judiciária é a «susceptibilidade de uma pessoa estar por si em juízo»; trata-se de um pressuposto cuja autonomia relativamente à personalidade judiciária decorre, em regra, para os particulares, da existência de restrições à capacidade de exercício de direitos (por exemplo, dos menores, interditos ou inabilitados).

Quanto à capacidade judiciária das entidades públicas, ela é vista em função da competência do órgão para representar a pessoa colectiva. Essa competência pode resultar da lei, em termos genéricos, ou ser conferida especificamente para certo tipo de processo. Num Ministério, será o Ministro respectivo; mas se se tratar de uma empresa pública, a respectiva vinculação em juízo será assegurada pelo Presidente do Conselho de Administração (artigo 9.º do CPC).

11.2.3. *Patrocínio judiciário*

Se, no processo civil, nem sempre é obrigatório (artigos 32.º e 60.º do C.P.C, no contencioso administrativo, inversamente, o patrocínio

---

[87] Cfr. ANTUNES VARELA, J. MIGUEL BEZERRA & SAMPAIO e NORA, *Manual de Processo Civil*, Coimbra, 2ª Edição, 1985, pp. 107 e 108.

96 Direito do Contencioso Administrativo Angolano

judiciário é sempre obrigatório (alínea i) do artigo 41.° do Decreto-Lei 16-A/96).

O patrocínio judiciário consiste na assistência técnica prestada às partes por profissionais do foro, os titulares do chamado *ius postulandi* na condução do processo em geral ou na realização de certos actos em especial. Em regra, quem exerce o patrocínio judiciário são os advogados. As partes fazem-se representar por advogados.

11.2.4. *Legitimidade das partes*

A legitimidade, enquanto pressuposto processual, tem como função seleccionar os sujeitos que devem ser admitidos a participar no processo. Este pressuposto, no seu conteúdo, tem que ver com as pessoas ou sujeitos que devem intervir no processo e, principalmente, aquelas que não devem. A lei do processo contencioso administrativo distingue a legitimidade dos interessados em legitimidade activa e legitimidade passiva (artigos 3.° e 4.° do CPA). Quando é que uma pessoa, no fundo, é legítima num determinado processo? No direito, só é legítima quem tiver um interesse directo e pessoal protegido pela ordem jurídica.

Dissemos que a legitimidade tanto pode ser activa como passiva. Uma e outra distinguem-se pela circunstância de uma se referir aos *recorrentes* – aqueles que têm legitimidade de demandar – e a outra incidir sobre os *recorridos* – aqueles que podem ser demandados ou contra quem o recurso é demandado.

11.2.4.1. *Legitimidade activa*

I. Os recorrentes, que são os interessados na anulação do acto, têm legitimidade para demandar, nos termos do artigo 3.° do mesmo diploma:

– o titular do direito individual ou colectivo que tenha sido violado ou que possa vir a ser afectado pelo acto jurídico impugnado;
– quem for parte no contrato administrativo;
– qualquer cidadão ou associação, cujo fim legal seja a defesa do interesse legalmente protegido, no caso de omissão do órgão da Administração, perante o seu dever legal de agir;

– o Ministério Público, quando o acto administrativo impugnado viole a Lei Constitucional ou for manifestamente ilegal.

A propósito da legitimidade, na alínea d) do artigo 3.° fala-se da possibilidade de o Ministério Público também poder interpor recurso contencioso de anulação contra acto que viole a Lei Constitucional ou que seja acto manifestamente ilegal.

Nestes casos, a iniciativa processual pertence ao Ministério Público e estamos perante a chamada promoção pública do processo – a chamada *acção pública* –, em que predomina o princípio da oficiosidade ou do acusatório (alínea d) do artigo 3.° do CPA).

A acção pública é resultante do papel do Ministério Público de representar o Estado nos tribunais e a sua legitimidade decorre do seu papel de fiscal da legalidade. Por esta razão assiste-lhe o direito de demandar contra o acto administrativo que for manifestamente ilegal ou que viole a Lei Constitucional. Discute-se, entretanto, se, perante um acto inconstitucional ou ilegal, há um dever jurídico, uma obrigação do Ministério Público de promover uma acção ou tomar a iniciativa processual. Para uns, havendo inconstitucionalidade e ilegalidade, é obrigatório o Ministério Público tomar a iniciativa processual. Já para outros, essa iniciativa é facultativa. Entre essas posições, vale ficarmos naquilo que a nossa lei diz: sempre que o Ministério Público tomar conhecimento de um acto da Administração que seja inconstitucional ou manifestamente ilegal, deve recorrer contra este acto ilegal.

Este entendimento deve abranger toda a extensão do contencioso administrativo. Por exemplo, por um contrato administrativo manifestamente ilegal, deve o Ministério Público recorrer contenciosamente.

Significa que se vai discutir um problema que se levanta em qualquer processo, até no processo penal. O Ministério Público, mesmo na ausência de uma imposição legal, pode recorrer contra um acto inconstitucional ou ilegal.

II. Outras vezes, a promoção processual é alternativa, isto é, quer o Ministério Público quer o particular têm legitimidade processual. Certamente, é o caso em que, havendo uma manifesta violação da legalidade, o Ministério Público pode accionar, mesmo que o particular, tendo interesse pessoal e directo, não o tenha feito. Portanto, estamos perante uma situação de promoção alternativa, conforme o artigo 39.° do Decreto-Lei 4-A/96.

Há, igualmente, iniciativa processual em resultado do *direito de acção popular*. Neste âmbito, qualquer cidadão ou associações de defesa de interesses pluri-individuais ou interesses difusos, como a do ambiente ou da defesa do património cultural, podem tomar a iniciativa processual – artigo 3.°, alínea c). Na realidade, não está em causa a violação de um direito individual, mas sim direitos difusos ou colectivos.

A chamada acção popular não vem regulada expressamente no ordenamento jurídico processual administrativo angolano. Apesar disso, não significa que não pode ser inferida a partir da alínea c) do artigo 3.° do CPA, ao prever a possibilidade de qualquer associação representativa de interesses difusos ou híbridos demandar em juízo. Nestes casos e com base neste artigo, têm legitimidade activa para demandar contra actos administrativos que, eventualmente, lesem esses direitos do ambiente e do consumidor e a lei admite que essas associações representativas possam intervir. Está aqui uma espécie de acção popular, em que não é o particular que tem o interesse directo, embora possa recorrer, mas é a associação que também o pode fazer.

Por último, a lei consente que haja *coligação de demandantes* (artigo 5.°), que são aqueles que, em função do recurso contencioso, têm um interesse idêntico na anulação do acto impugnado.

A coligação de demandantes, enfim, só é admitida desde que o tribunal competente seja o mesmo, em função ou em razão da hierarquia e do território.

11.2.4.2. *Legitimidade passiva*

Diz respeito à capacidade judiciária da autoridade recorrida poder ser demandada e contradizer a pretensão do autor, isto é, alegar os factos impeditivos alegados pela autoridade recorrente. Para o artigo 4.° do CPA, têm legitimidade para serem demandados:

- o órgão da Administração do Estado de que promana o acto impugnado ou que praticou a violação do direito;
- todo aquele que tenha sido beneficiado com o acto impugnado ou que possa ser directamente prejudicado com a procedência do recurso;
- a parte com quem for celebrado o contrato administrativo;
- o Ministério Público sempre que não seja demandante ou autor da demanda.

No que toca à legitimidade passiva, sobretudo no artigo 6.° do CPA, permite-se a coligação dos demandados, nos termos da qual, por um acto único, pode ser proposta contra mais de um demandado, sempre que os fundamentos do recurso contencioso, quer de facto, quer de direito, sejam os mesmos, desde que o tribunal competente para o conhecimento do recurso seja o mesmo em razão da hierarquia e do território.

11.2.4.3. *Legitimidade dos assistentes*

Também têm legitimidade os assistentes às partes, que são aqueles que, no processo, demonstram ter interesse legítimo idêntico ao da parte com a qual pretendem coligar-se.

Diz o artigo 7.° do CPA, que pode intervir nos actos como demandante ou demandado todo aquele que tiver ou demonstrar ter interesse idêntico à parte com a qual pretende coligar-se.

Todavia, ao abrigo do n.° 2 do artigo 7.°, apenas é admitido até ao último dia do prazo para a apresentação dos articulados

O assistente tem um papel subordinado, auxiliar à parte principal, pelo que não perturba o normal decurso do processo.

11.3. *Pressupostos processuais relativos ao processo*

11.3.1. *Recorribilidade*

I. Conforme a própria expressão sugere, recorribilidade consiste em saber se todos os actos administrativos são recorríveis. Já vimos que não são recorríveis os actos de natureza política. Mas, no essencial, o que se discute, a propósito deste pressuposto, é se apenas os actos definitivos e executórios são recorríveis. O artigo 6.° da Lei 2/94 estabelece que apenas os actos administrativos de carácter definitivo e executório podem ser impugnados. Como consequência, não são, decerto, recorríveis: os actos que não sejam administrativos, os actos administrativos internos, os actos administrativos não definitivos e os não executórios.

Pode ver-se com facilidade que o nosso legislador estabelece a definitividade e a executoriedade como condição de acesso à justiça administrativa, ao invés de estabelecer a definitividade por lesão, que é mais conforme ao artigo 43.° da LC. Não são, também, recorríveis nos termos do artigo 8.° da mesma lei, os actos administrativos que sejam a confirmação de outros, os actos administrativos proferidos em processo de natureza disciplinar, laboral, fiscal ou aduaneira ou de natureza cível que estejam afectos à jurisdição própria e os actos de natureza política, considerando-se estes, nos termos da lei, os praticados no exercício da função política do Estado.

Olhando para este artigo, não compreendemos porque se exclui os actos de natureza disciplinar do contencioso administrativo, dado que nas relações jurídico-laborais de direito público encontramos os funcionários públicos, que estão excluídos, pelo menos no plano substantivo, do âmbito da Lei Geral do Trabalho, designadamente na alínea a) do seu artigo 2.°, estando o seu regime jurídico previsto no Decreto n.° 33/91, de 26 de Julho, que estabelece o regime disciplinar da função pública e no Decreto n.° 25/91, de 29 de Junho, sobre a constituição, modificação e extinção da relação jurídica de emprego na Administração Pública.

No plano processual, a Lei Geral do Trabalho, nomeadamente os artigos 305.° e seguintes, exclui igualmente os funcionários públicos. Quer dizer que fica de fora a Lei Geral do Trabalho, uma vez que pretere a categoria dos funcionários públicos do seu âmbito de aplicação. Desta feita, quer no plano substantivo, quer no plano processual (no plano do Direito Processual do Trabalho), não nos podemos socorrer da aludida lei. Entendemos que a medida disciplinar, sendo um verdadeiro acto administrativo, aplicada por um órgão da Administração, por aplicação de normas de Direito Administrativo, é sindicável contenciosamente, por, justamente, não se terem acautelado outros instrumentos ou meios de protecção jurídica que não deixassem margem para dúvidas quanto à sua plena efectivação.

Do mesmo modo, hoje, nos termos do artigo 43.° da Lei Constitucional, não faz sentido não se poder impugnar contenciosamente os actos da Administração Fiscal lesivos de interesses dos contribuintes.

Repare-se que o Decreto-Lei 5/06, de 4 Outubro, sobre o Código Aduaneiro, dispõe, no capítulo relativo ao contencioso técnico aduaneiro, artigo 390.°, que "as decisões de carácter técnico, concretamente de avaliação e classificação pautal de mercadorias, proferidas pelas alfândegas podem ser impugnadas por meio de recursos interpostos perante os Directores Regionais das Alfândegas e o Conselho Superior Técnico Aduaneiro. O n.° 2 do artigo 397.° diz que haverá um só Conselho Superior Técnico Aduaneiro com sede na Direcção Nacional das Alfândegas. Por sua vez, o n.° 2 do artigo 463.° determina que "o Departamento do Contencioso de cada Direcção Regional das Alfândegas é considerado como uma *Secretaria Judicial*, sendo escrivão dos respectivos processos o chefe do departamento ou um escriturário do quadro auxiliar designado pelo respectivo Director Regional das Alfândegas. Há, aqui, manifestamente, o exercício da função jurisdicional pela Administração Pública fiscal, sendo, por isso, inconstitucional esta Lei, por violar o princípio da separação de poderes do Estado.

A Administração Pública aduaneira está a usurpar funções de órgãos jurisdicionais, pelo que se torna urgente a criação de uma Câmara Administrativa, Aduaneira e Fiscal no Tribunal Supremo e a Sala Administrativa, Aduaneira e Fiscal nos Tribunais Provinciais, sob pena de os litígios fiscais ficarem sem jurisdição e os actos aduaneiros continuarem a ser apreciados por órgãos não vocacionados para tal.

II. Quanto aos actos de natureza política, às vezes, é difícil divisar o que é um acto de natureza política, porque, por trás de um acto de natureza política, está ou incide a materialidade de um acto administrativo. Não poucas vezes, "sob a capa ou forma de acto político aparente, podem camuflar-se verdadeiros actos administrativos[88]".

Nos termos do seu n.º 2, consideram-se actos de natureza política, os praticados no exercício estrito da função política do Estado, nomeadamente, os constantes dos artigos 66.º, 88.º, 110.º, e 114.º da Lei Constitucional.

Se o acto de natureza política decorre do exercício da função política, nos dias de hoje a tendência vai sendo cada vez mais a de procurar limitar ou encurtar os chamados actos de natureza política. Deve reduzir-se o leque de actos de natureza política. Veja-se o caso do Governo: nos termos constitucionais, exerce a função legislativa, política e administrativa. Nem sempre se estabelece com clareza em que domínio se afigura aquele acto concreto. Do mesmo modo, o Presidente da República, por exemplo, para além de ser órgão político é, também, administrativo, e, nesta qualidade, pratica actos administrativos, muitos deles constantes do artigo 66.º L.C., não obstante os seus laivos e nuances políticas.

Agora, pense-se num acto administrativo de natureza política de que resultem danos na esfera jurídica patrimonial do destinatário, se ao menos não é impugnável contenciosamente, porém, já é possível junto da jurisdição comum atacar aquele acto de natureza política para obter a reparação

---

[88] CARLOS FEIJÓ, *Procedimento, op. cit.* p. 78.

102   *Direito do Contencioso Administrativo Angolano*

dos danos que tal acto causou. Assim, se o acto *de per si* não é impugnável contenciosamente, pelo menos pelo facto de ter causado danos patrimoniais, deve accionar-se a responsabilidade do órgão político e administrativo, através do instituto da responsabilidade civil da Administração Pública.

A moderna consciência jurídico-administrativa tem-se esbatido na defesa da sindicância dos actos do Governo, por estarem encapotadas verdadeiras situações de injustiça, quer resultem de actos do exercício da função política, quer resultem da função legislativa por acção ou omissão. No mesmo sentido, João Caupers[89] é de opinião segundo a qual a exclusão da jurisdição administrativa da efectivação da responsabilidade civil decorrente de actos praticados no exercício das funções política e legislativa não é aceitável: não só a ressarcibilidade de tais danos é uma exigência do Estado de direito, como a jurisdição administrativa é aquela que está, naturalmente, vocacionada para os apreciar.

Resumindo, a exclusão de tais actos da justiça administrativa não significa a impossibilidade absoluta de serem apreciados em outro foro judicial não administrativo.

Quanto à exigência da definitividade e da executoriedade do acto, já foi dito que se for adoptado o critério da lesividade, pode impugnar-se tal acto, nos termos do artigo 43.º da L. C, que permite a impugnação directa e imediata.

11.3.2. *Oportunidade do recurso*

I. Este pressuposto processual diz respeito aos prazos. No contencioso administrativo angolano, o recurso contencioso deve ser interposto no prazo de 60 dias (n.º 2, artigo 13.º da Lei 2/94), fora do qual o recurso se torna extemporâneo.

A limitação temporal começa a contar a partir da data da notificação da decisão que recair sobre a reclamação ou o recurso hierárquico (n.º 3, artigo 14.º, do mesmo diploma). Este prazo prefigura tão-somente a situação de actos anuláveis. Não serve para todos os actos, isto é, para os actos nulos não serve, uma vez que tais actos podem ser impugnados a todo o tempo[90], ao contrário dos actos anuláveis, os quais, findo o prazo da inter-

---

[89] João Caupers, *op. cit.* p. 254.
[90] Tal como consta no n.º 2, artigo 77.º do Decreto-Lei 16-A/95, de 15 de Dezembro.

posição, cessa igualmente o direito de invocar a anulabilidade, devido ao regime da convolução ou sanação por decurso do prazo legal. Outro aspecto que, até há pouco tempo, não lograva consenso, dizia respeito ao modo de contagem dos prazos. No fundo, a questão era a de saber se os prazos tinham natureza processual ou substantiva. Uns e outros diferem, nos termos dos artigos 279.° do CC e 144.° do CPC, se na contagem incluírem ou não os sábados, domingos e feriados.

Ora, interpretando à letra as normas que estabelecem os prazos de interposição do recurso contencioso, nada dizem sobre a sua natureza. Todavia, o entendimento que se tem é de que os prazos têm natureza substantiva, como, de resto, pode inferir-se do artigo 13.° do Decreto-Lei 4-A/96. Quanto ao momento da contagem, os prazos contam-se a partir da publicação do acto e a partir da sua notificação ou, não havendo, do início da execução do acto em questão[91].

II. De tudo quanto foi dito, fica a ideia de que os pressupostos processuais são, com certeza, condições para o exercício da função jurisdicional, porque se não estiverem preenchidos nenhum destes pressupostos o tribunal não decide sobre o mérito da causa.

O mesmo ocorre também noutras áreas do Direito. Veja-se o exemplo de alguém que, estando em mora, a contraparte da relação obrigacional intenta uma acção, se for um processo cível, através da chamada petição inicial. Há uma petição que, no caso do recurso contencioso, se chama requerimento, é dirigido ao tribunal. Contudo, o tribunal, em regra, antes de apreciar o fundo ou o mérito da causa, antes de tomar uma decisão de fundo, há-de apreciar se, na petição inicial ou no requerimento, consoante seja o caso, estão reunidos os pressupostos processuais.

Neste aspecto concreto, o tribunal primeiramente analisará se é competente para julgar tal causa e fará, de certeza, recurso às regras sobre a fixação da competência dos tribunais. Em segundo lugar, a análise em sede do acto administrativo será em torno da legitimidade, para se aferir o autor e o lesado, resultantes da prática do acto. Em terceiro lugar, ainda em sede do contencioso administrativo, o tribunal apreciará o pressuposto processual recorribilidade e, finalmente, a avaliação cingir-se-á sobre os prazos admitidos na lei.

---

[91] As regras de notificação encontram-se nos artigos 38.° a 42.° do Decreto-Lei 16--A/95, de 15 de Dezembro.

11.4. *Pressupostos inominados*

Incluem-se nesta secção todos os demais pressupostos que não merecem uma designação especial e que não se assemelham a qualquer dos outros que temos tratado autonomamente.

Espécie de "caldeirão que permite a inclusão de todos aqueles obstáculos indiferenciados e de ordem processual que obstam a que o juiz administrativo conheça do mérito da causa[92]".

Tais pressupostos têm que ver com o aparecimento da relação processual. Ei-los:

11.4.1. *Aptidão da petição inicial*

A petição ou requerimento inicial tem de ser apta, conforme os artigos 41.º do CPA e 193.º do CPC. Daqui resulta, em síntese, que o requerimento inicial é inepto, quando:

I. Falte ou seja ininteligível a indicação do pedido ou da causa de pedir;

II. O pedido esteja em contradição com a causa de pedir, o pedido não se encontre numa relação lógica com a causa de pedir;

III. Se acumulem pedidos substancialmente incompatíveis, os efeitos jurídicos visados pelo recorrente se encontrem numa incompatibilidade intrínseca, porque quer que o mesmo acto seja anulado e declarado inexistente;

IV. Não faz menção da constituição do mandatário forense e a indicação do local da via para receber as notificações;

V. Não faz referência aos meios de prova e à menção dos factos sobre que recaem;

VI. Não faz indicação do valor;

VII. Não faz menção do órgão da Administração do Estado ou doutra pessoa colectiva pública demandado, com a identificação da pessoa que proferiu o acto ou de quem exerce o cargo ou quem a represente, respectivo domicílio legal e a identificação completa dos demais interessados;

---

[92] Fernando Brandão Ferreira Pinto – Guilherme Frederico Dias Pereira da Fonseca, *Direito Processual... op. cit.* p. 86.

Parte III

VIII. Não inclui a identidade completa do interessado ou pessoa que o represente e o seu domicílio.

Relativamente aos efeitos da ineptidão da petição ou do requerimento inicial, ela gera a nulidade de todo o processo[93].

Se, pela simples leitura da petição inicial, o juiz verificar que esta é inepta, então poderá indeferir liminarmente, nos termos dos artigos 474.° e 476.° do Código de Processo Civil.

Em caso de o requerimento inicial não vir acompanhado de determinados documentos, o juiz ou o relator pode conceder 10 dias para que o recorrente possa corrigir ou completar o requerimento inicial, nos termos do artigo 43.° do CPA.

11.4.2. *Cumprimento das obrigações fiscais*

Há um dever geral de pagamento de impostos que impende sobre todos os cidadãos e que representa uma das principais obrigações dos cidadãos perante o Estado. No contencioso administrativo há que ter em conta o disposto nos artigos 125.°, 126.°, 127.°, cuja apreciação deve ser conjugada com o artigo 132.°, todos do Decreto-Lei 4-A/96.

11.4.3. *Litispendência*

Não há aqui qualquer especialidade relativamente ao processo civil. A litispendência consiste na pendência de um recurso idêntico a outro, quanto aos sujeitos, ao pedido e à causa de pedir, como resulta do n.° 1 do artigo 498.° do CPC, sendo estas identidades determinadas nos termos dos n.°s 2, 3 e 4 deste mesmo preceito legal.

A litispendência conduz à rejeição do recurso no qual a autoridade administrativa foi citada posteriormente; porém, no caso em que a citação para os dois recursos tenha sido efectuada no mesmo dia, deverá ser rejeitado aquele que entrou mais tarde. Como é lógico, a rejeição destina-se a

---

[93] Conforme o n.° 1 do artigo 193.° do Código de Processo Civil.

evitar que o tribunal seja colocado na alternativa de contradizer ou de reproduzir uma decisão anterior, como se lê, de resto, no n.º 2 do artigo 497.º do CPC.

Verificando-se a litispendência, o requerimento inicial é inepto, devendo, como tal, ser liminarmente indeferido (alínea a) do artigo 474.º do CPC)

CAPÍTULO VIII
A tramitação processual administrativa

12. A dinâmica do processo administrativo

A tramitação processual é a sequência legalmente ordenada de actos e formalidades tendentes à formação da decisão judicial e à respectiva execução.

12.1. *Fase da dedução da petição inicial*

I. O requerimento ou petição inicial é a peça escrita com que o recorrente inicia e delimita o recurso, indicando as razões de facto e de direito que, na sua óptica, devem conduzir à declaração de invalidade – nulidade, inexistência ou anulação – do acto administrativo pelo tribunal.

É a petição inicial de recurso que despoleta toda uma actividade jurisdicional. O recurso é interposto por requerimento inicial junto do tribunal competente[94] (artigo 41.º do CPA).

Os elementos que, nos termos do referido artigo 41.º do CPA, devem constar, necessariamente, do requerimento inicial são:

- o tribunal para que se recorre;
- a identidade completa do interessado ou da pessoa que represente o seu domicílio;

---

[94] Segundo o princípio dispositivo – primeira parte do n.º 1 do artigo 3.º e n.º 1 do artigo 264.º, todos do CPC –, a proposição do recurso terá de nascer de iniciativa de parte. O recurso não nasce, nem pode nascer, da iniciativa do juiz. É ao titular do direito violado que incumbe requerer ao tribunal o meio de tutela jurisdicional adequado à reparação do seu direito (*nemo iudex sine actor; ne procedat iudex ex officio*). E compreende-se que assim seja: se a iniciativa fosse do juiz a tutela jurisdicional fosse concedida oficiosamente, ineludivelmente estaria em risco a independência e a imparcialidade do juiz perante os factos e as partes.

108   *Direito do Contencioso Administrativo Angolano*

– a menção do órgão da Administração do Estado ou da pessoa colectiva pública demandando, com a identificação da pessoa que proferiu o acto ou de quem exerce o cargo ou quem a represente, respectiva certidão legal e bem assim a identificação completa dos demais interessados;
– o acto recorrido;
– exposição clara dos fundamentos de facto e de direito em que baseia o pedido, indicando precisamente os preceitos legais ou os princípios gerais de direito que se consideram violados;
– formulação clara do pedido;
– os meios de prova, indicando os factos que sobre a prova hão-de recair.

Na eventualidade de serem desrespeitados esses requisitos, o juiz ou o relator concedem 10 (dez) dias ao demandante ou requerente para que complete ou corrija os elementos que estejam em falta (artigo 43.º CPA). Decorrido o prazo de 10 dias, se não houver rectificação, o juiz ordena o arquivamento dos autos ou o relator – nos tribunais colectivos – procede à remessa do processo a conferência para o arquivamento do processo (artigo 44.º do mesmo diploma). Quando o requerimento inicial dá entrada no tribunal deve ser registado no livro de porta, que é o livro onde são registados os processos que correm na secção.

Após o registo, é feita a distribuição nos termos do artigo 209.º do CPC. Na nossa *praxis* processual administrativa, a distribuição é feita aos juízes por ordem de chegada, começando do juiz mais novo para o mais antigo, através de um sorteio e o escrivão dita o número e o juiz de turno regista o processo no livro de porta e, assim, o processo fica registado, distribuído e numerado[95/96].

---

[95] É pela distribuição que, a fim de repartir com igualdade o serviço do tribunal, se designa a secção e a vara ou juízo em que o processo há-de correr ou o juiz que há-de exercer as funções de relator.

Se o tribunal dispuser de sistema informático, as operações de distribuição e serviço são objecto de tratamento automático, que garantirá o mesmo grau de aleatoriedade no resultado e de igualdade na distribuição de serviço.

[96] Diz o n.º 2 do artigo 36.º do Decreto-Lei 4-A/96, de 5 de Abril, que "os processos na Câmara do Cível e Administrativo do Tribunal Supremo são distribuídos por sorteio na primeira sessão entre os juízes respectivos".

II. Feita a distribuição, o processo é autuado, que é a etapa em que o escrivão vai averiguar se a petição contém todos os elementos necessários para que o juiz aprecie a causa.

Após a autuação, o processo é cozido e é-lhe posta uma capa.

Em seguida, há a obrigação do pagamento dos preparos (n.º 2 do artigo 136.º do CPA). Se o preparo não for pago, o recurso é considerado deserto, nos termos do n.º 1 do artigo 292.º do CPC.

O artigo 134.º do Código das Custas Judiciais prevê que o requerente, na falta de pagamento dos preparos tem ainda um prazo adicional de cinco dias para pagar a taxa de justiça, mas desta vez a dobrar. Respeitando o requerimento inicial todos os requisitos, pagos os preparos, o juiz ou o relator emana um despacho ou acórdão preliminar de admissão ou rejeição do recurso interposto, onde observa o que consta do artigo 45.º do CPA – aprecia se o Tribunal tem jurisdição ou competência para conhecer o processo, aprecia, no fundo, os pressupostos processuais e depois aprecia se o recurso contencioso foi ou não precedido do procedimento administrativo.

Esta é a função da decisão intercalar, isto é, um despacho ou acórdão preliminar onde se apreciam os pressupostos processuais. Se o processo tiver procedido, ou melhor admitido, diz o artigo 46.º CPA, deve-se fazer a requisição do procedimento administrativo. Portanto, o juiz ou o relator ordena ao órgão da Administração activa que decidiu a remessa do procedimento administrativo ao tribunal. Se o requerente achar que há um procedimento administrativo em falta, são-lhe dados 5 (cinco) dias para o fazer, mesmo após ter-se requisitado o processo. Quando o procedimento administrativo é requisitado da Administração Pública para o Tribunal, o recorrente é notificado para, no prazo de 5 (cinco) dias, deduzir reclamação se considerar que há uma insuficiência nas peças (artigo 48.º do CPA). Depois da requisição, o processo está accionado, dando-se início à sua fase inicial ou primeira fase.

Posto isto, o órgão recorrido é notificado, nos termos do artigo 42.º do CPA para ter início a segunda fase da marcha processual do recurso contencioso de anulação.

12.2. *Fase da contestação*

I. Em homenagem ao princípio do contraditório, é o momento em que, tanto a autoridade recorrida como os contra-interessados, se os hou-

110   *Direito do Contencioso Administrativo Angolano*

ver, deduzem contestação à petição apresentada pelo recorrente. Nesta fase dá-se um prazo de 30 (trinta) dias a contar da notificação para que os interessados respondam e contradigam os factos aduzidos pelos recorrentes (artigo 47.° do CPA)[97].

Se o demandado for o Ministério Público, o prazo para deduzir contestação é de 60 dias (n.° 2 do artigo 47.° do CPA).

De acordo com o n.° 1 do artigo 49.° do CPA, que enumera os requisitos materiais e formais da contestação, o recorrido poderá opor-se aos factos e fundamentos, ao pedido, oferecer as provas, indicar o mandatário e o domicílio escolhido para efeito de notificação.

Se a entidade que tem o dever de contestar não o fizer, não há a confissão dos factos deduzidos. A falta de contestação não tem como efeito a aceitação dos factos nem do pedido (n.° 2 do artigo 49.° do CPA): o que aqui vigora é o princípio da verdade material.

De *jure condendo*, é preferível que à falta de contestação pela entidade recorrida se ligue o efeito da confissão dos factos, porquanto, em todos os Estados modernos, a Administração num processo contencioso de anulação, à semelhança do particular, todos eles são vistos e tratados como partes, que manifestam os seus interesses antagónicos diante dum terceiro imparcial. A autoridade recorrida, entendida aqui como aquele ente que praticou o acto que ora se ataca, mais o recorrente, no que tange ao exercício dos poderes processuais, estão em pé de igualdade[98].

II. Por outro lado, existe outra diferença em relação ao processo civil: não são admitidos pedidos reconvencionais (artigo 50.° do CPA). Não há lugar a reconversão – contra-acção –, porque no contencioso administra-

---

[97] A contestação é a peça escrita em que o recorrido dá a sua versão dos acontecimentos e a sua leitura do direito, com vista à manutenção do mesmo acto.

[98] Assim, por exemplo, a título de Direito comparado, o artigo 59.° da Lei do Processo Administrativo Contencioso de Moçambique determina que a falta de resposta ou de impugnação implica a confissão dos factos alegados pelo recorrente, excepto quando estejam em manifesta oposição com a defesa considerada no seu conjunto, não seja admissível confissão sobre eles ou resultem contraditados pelos documentos que constituem o processo administrativo instrutor.

Esta solução é criticada por ALFREDO CHAMBULE, *As garantias dos particulares*, I, Maputo, 2002, pp. 167-168, nos seguintes termos:

"Admitir, nos dias de hoje este sistema, seria convidar a Administração a não responder com manifesto prejuízo para os particulares, pesem os pronunciamentos de momento e alguma regulamentação nesse sentido".

tivo o que está em causa é o interesse público, o acto administrativo ilegal e este tem de ser expurgado da ordem jurídica.

Sintetizando, a autoridade recorrida, quando notificada, pode ter uma das seguintes reacções: responder, sustentando a validade do acto; responder, limitando-se a oferecer os merecimentos dos autos, cujo conteúdo é nada mais do que uma resposta de que se tomou conhecimento do acto e se irá acompanhar. Por outro lado, pode não responder ou a qualquer momento, até ao termo do prazo da contestação, pode revogar o acto por si praticado. Imagine-se que enquanto o processo prossegue os trâmites legais e a administração pública ao ser notificada para contestar, em vez de fazê-lo, simplesmente aprecia o acto e o revoga. Neste caso, a situação volta ao *status quo ante* e a instância extingue-se, porque já não há objecto do contencioso administrativo. Já não há acto administrativo ilegal.

12.3. *Fase da produção da prova*

Com esta fase tem-se em vista a recolha e produção das provas tendentes a demonstrar a realidade dos factos deduzidos nos articulados, fornecendo-se ao juiz os dados indispensáveis para a apreciação da validade ou legalidade do acto administrativo.

No recurso contencioso, o objecto da prova são os factos articulados tendentes a demonstrar que o acto administrativo sofre ou não de qualquer vício susceptível de o tornar inexistente, nulo ou anulável.

Com base no artigo 51.º do CPA, tendo sido apresentada a petição ou o requerimento inicial, seguida da contestação, o juiz ordena as diligências de provas que se considerem necessárias para além das oferecidas na petição ou requerimento inicial pelo recorrente e pelo recorrido, respectivamente e, se necessário, requerer a intervenção de peritos (artigo 52.º do CPA).

Segundo o n.º 3 do artigo 51.º do CPA, no Tribunal Supremo, a prova tanto pode ser produzida na Câmara como nos tribunais provinciais, por delegação daquela Câmara. Esta fase é uma manifestação do princípio do investigatório.

12.4. *Fase das alegações*

Encerrada a instrução, segue-se a discussão, na qual se faz a apreciação crítica dos factos colhidos e se subsumem ao direito, na óptica da

112   *Direito do Contencioso Administrativo Angolano*

(i)legalidade ou (in)validade do acto administrativo posto em crise. Toda a discussão é escrita, seja ela produzida pelos recorrentes ou pelos recorridos. Pelo que, nesta fase, as partes processuais poderão alegar as razões de facto e de direito tendentes a consolidar as suas pretensões, no prazo de trinta dias a contar da notificação (artigo 53.° do CPA).

12.5. *Fase da vista final ao Ministério Público e do julgamento*

Apresentadas as alegações ou findo o respectivo prazo, vão os autos com vista ao Ministério Público (artigo 54.° do CPA). O Ministério Público aprecia os eventuais vícios de que pode enfermar o processo e pronuncia-se pelo provimento ou pela negação do provimento ao recurso contencioso. Quando os autos vão com vista ao Ministério Público, este tem um prazo de 10 (dez) dias, sempre que não seja parte na acção, para dar parecer sobre a decisão, suscitar mais questões que julgue pertinentes, podendo, inclusive, arguir patologias que não tenham sido alegadas. Há nesta concreta situação uma extensão do poder de âmbito do controle da legalidade e do interesse público[99]. Por outro lado, este órgão deve alegar se o pedido deve ser rejeitado ou aceite, isto é, deve emitir a sua opinião quanto ao provimento ou rejeição do recurso interposto.

Depois da vista pelo Ministério Público, o processo é concluso ao juiz relator que, depois de apreciadas quaisquer irregularidades, elabora um projecto de acórdão e o recurso é considerado "preparado para julgamento e inscrito na tabela de sessão de julgamento.

Tem lugar ou segue-se o julgamento[100] e a consequente sentença que, na previsão do artigo 55.° do CPA, deve ser proferida no prazo de 30

---

[99] A posição do Ministério Público nesta fase da tramitação processual tem sido bastante criticada. Por exemplo, CARLOS FEIJÓ revela-se crítico quanto ao papel do Ministério Público no contencioso administrativo. Para ele, "a vista ao Ministério Público cria desequilíbrios em termos de fases e peças processuais. Quase sempre em defesa da legalidade nunca a favor dos particulares".

Na realidade, a intervenção do Ministério Público viola o princípio do contraditório; por outro lado não se justifica tal papel atendendo ao facto de os tribunais serem soberanos nas suas decisões e os juízes só deverem obediência à lei e à sua consciência, sendo, portanto, despropositado receber do Ministério Público um parecer sobre a decisão.

[100] As regras de votação do acórdão constam dos artigos 709.° e 713.°, n.° 3 do Código de Processo Civil.

(trinta) dias, no caso do Tribunal Provincial; tratando-se do Plenário ou da Câmara do Tribunal Supremo, o prazo para vistas é de 15 dias, devendo o acórdão ser proferido nos 30 dias subsequentes (artigo 56.°).

No acórdão, tal como descrito no artigo 57.°, vem contido o conteúdo da decisão[101] e, posteriormente, é publicada a sentença (artigo 58.° do CPA). Feito isto, é ordenada a desapensação do processo administrativo, que é enviado à parte demandada (artigo 59.° do CPA).

---

[101] A sentença deve conter: a) a apreciação sobre as questões que obstem ou não ao conhecimento do recurso; b) se houver que conhecer do objecto do recurso, a apreciação dos vícios de que enferma ou não o acto recorrido e a declaração sobre a sua invalidade ou anulação.

CAPÍTULO IX
A Sentença no Recurso Contencioso

13. A sentença e a sua execução

I. Um processo inicia-se com um requerimento e termina com uma sentença, que é o acto final do processo. Em consequência, o tribunal pode tomar uma de duas medidas: ou nega provimento ao recurso, nos casos em que o recorrente não tem razão, ou, se tiver, concede tal provimento.

Quanto aos efeitos, entende-se que a sentença tem efeitos processuais e substantivos.

Nos efeitos processuais da sentença anulatória, há que se ter em conta o caso julgado formal e o caso julgado material, previstos nos artigos 671.º e 672.º do C.P.C[102]. E, no essencial, reporta-se ao caso julgado, insusceptível de recurso ordinário[103]. A propósito da autoridade do caso julgado, fala-se da imodificabilidade, irrepetibilidade, imunidade, obrigatoriedade, executoriedade, superioridade e intocabilidade da sentença.

Quanto aos efeitos substantivos, os mesmos variam em função do tipo de sentença, ou seja, consoante a sentença for de provimento ou for de confirmação. No primeiro caso, o tribunal aceita o pedido ou concede o provimento ao recurso, sendo que os efeitos tanto podem ser *declarativos*, quando a sentença declara a nulidade ou inexistência do acto[104], como *confirmativos*, nos casos em que o tribunal, por intermédio da sua sentença, rejeita o pedido, nega provimento ao recurso e confirma a validade do acto administrativo, objecto de recurso.

A sentença que concede provimento tem um efeito executório, o que traduz a obrigação ou o dever de a entidade recorrida extrair todas as con-

---

[102] Tem, igualmente, interesse o disposto no artigo 673.º do CPC.

[103] Caso julgado é a autoridade especial que a sentença adquire quando já não é susceptível de recurso ordinário, artigo 677.º do CPC.

[104] Mas, se o acto for apenas anulado o efeito substantivo não será apenas declarativo, mas sim anulatório, que se traduz na eliminação retroactiva do acto.

116　　*Direito do Contencioso Administrativo Angolano*

sequências jurídicas da anulação ou declaração de nulidade ou inexistência do acto. Aqui surge o chamado dever de executar a sentença. Para João Caupers[105], "falar em efeito executório da sentença que concede provimento ao recurso significa, afinal, obrigar o órgão administrativo que viu o seu acto declarado nulo ou anulado, a proceder como se da sentença resultasse uma condenação a proceder de modo conforme ao direito".

O chamado dever de executar que impende sobre a Administração Pública para o cumprimento da sentença, seja ela declarativa ou de anulação, é de difícil exequibilidade, aliás bastante complexa e está conexionada com a maturidade jurídica do próprio Estado, por razões que se prendem, desde logo, com o facto de ser a própria Administração a executar uma decisão contra a qual está em desacordo; por outro lado, o contencioso administrativo angolano é, essencialmente, virado para o contencioso de anulação, um contencioso que, somente, tem em vista a anulação dos actos. O tribunal limita-se a anular o acto e nada mais.

II.　A execução da sentença em processo de recurso contencioso vem regulada nos artigos 106.º e 107.º do CPA e do artigo 4.º da Lei n.º 8/96, de 19 de Abril. Pende sobre a entidade produtora do acto, objecto de sindicância, o dever jurídico de executar a sentença[106] e ao particular assiste um verdadeiro direito subjectivo de exigir tal execução (o direito à execução).

Na previsão do artigo 106.º do CPA, a autoridade recorrida tem o prazo de 45 dias para a execução espontânea da decisão judicial que lhe é desfavorável, contado da data da notificação. O artigo 107.º do CPA prevê a possibilidade de a execução ser provocada e requerida pelo interessado ou pelo Ministério Público, nos casos em que a Administração não a execute espontaneamente.

Sobre o conteúdo do *dever de executar*[107] existem duas perspectivas:

– A primeira, também considerada *perspectiva clássica*, entende que a reintegração ou reposição da legalidade consiste no dever de repor o particular na situação anterior à prática do acto ilegal.

---

[105] João Caupers, *Introdução ao Direito ... op cit.* p. 279.

[106] Salvo se os actos de execução devam ser praticados por outro órgão.

[107] O dever de executar consiste na obrigação de se praticar todos os actos jurídicos e todas as operações materiais que sejam necessários à reintegração da ordem jurídica violada.

– A segunda, ou a dita *perspectiva moderna*, entende que se deve reconstituir a situação que actualmente existiria se não fosse praticado o acto ilegal. Significa isto repor a situação que, eventualmente, existiria se o acto ilegal não tivesse sido praticado, daí que a execução será em termos de reconstituição da situação actual hipotética.

Numa e noutra, o cerne do problema reside em saber se perante a anulação, os efeitos da sentença retroagem ou não ao momento da prática do acto administrativo. Há ou não auto-exequibilidade da sentença? Ela produz ou não um efeito repristinatório automático da situação anterior?

Para a doutrina clássica, do efeito repristinatório automático, da auto-exequibilidade da sentença, haverá aquilo a que a doutrina administrativa chama de efeito construtivo, isto é, haverá a repristinação do acto que coloca a situação litigada no *status quo ante*.

Quanto à segunda orientação, a da não auto-exequibilidade da sentença, a decisão anulatória tem apenas um efeito destrutivo, sendo que a repristinação do *status quo ante* não é um efeito automático, ou seja, da decisão de modo algum resulta um efeito repristinatório automático da situação anterior.

Conforme se pode compreender, esta questão é de grande complexidade, tendo suscitado acesos debates doutrinários; assim, MÁRIO AROSO DE ALMEIDA[108]/[109] sustenta que, a não haver efeito repristinatório produzido pela sentença, verificar-se-ia um "vazio jurídico" até que a Administração viesse a praticar, ela própria, o acto de repristinação. Por outro lado, não há qualquer inconveniente para o desempenho da função administrativa no automatismo do efeito repristinatório da sentença, porquanto, face à decisão jurisdicional, a Administração não goza de nenhuma parcela de discricionariedade, estando colocada numa situação de vinculação total.

Posição contrária tem FREITAS DO AMARAL[110]/[111], para quem da sen-

---

[108] *In* THEMIS, Revista da Faculdade de Direito da Universidade Nova de Lisboa, Ano II, N.º 3, 2001, pp. 312 a 314.

[109] MARIO AROSO DE ALMEIDA, *A anulação de actos administrativos e relações jurídicas emergentes*, Colecção Teses, Almedina, 2000, p. 188.

[110] *In* THEMIS, Revista da Faculdade de Direito da Universidade Nova de Lisboa, Ano II, N.º 3, 2001, pp. 312 a 314.

[111] Dado o modo como é exposto o problema dos efeitos da sentença anulatória, no essencial, seguimos parte do artigo deste ilustre Professor a fim de permitir maior compreensão.

tença resulta o dever jurídico de a executar, uma vez que a existência de um dever não é compatível com a existência de um vazio jurídico. Segundo este autor, o dever pode não ser logo cumprido; pode haver um prazo para o seu cumprimento; pode mesmo, excedido tal prazo, a Administração entrar em mora; ou pode, finalmente, haver incumprimento. Mas nada disto configuraria um vazio jurídico: face a uma sentença anulatória de um acto administrativo, a Administração, embora constituída no dever de a executar, não estaria colocada numa situação de vinculação total, nem a sua discricionariedade reduzida a zero. Com efeito, tanto o momento como os modos do cumprimento dependem, dentro de certos limites, de uma decisão discricionária da Administração, ou seja, de uma escolha livre entre duas ou mais soluções possíveis: se o acto anulado é irrenovável, a Administração pode optar entre o cumprimento da sentença e a invocação de uma causa legítima de inexecução, pelo que, embora sujeito a controle jurisdicional, afasta, desde logo, qualquer automatismo do alegado efeito repristinatório[112].

III. Para além do que foi dito, tenha-se em conta que haverá sempre o chamado dever de executar a sentença, cujo cumprimento obriga à reconstituição da situação actual hipotética.

Com efeito, se é verdade que existe um dever de executar, também é verdade que a Administração pública pode invocar uma causa legítima de inexecução da sentença. Dito de outro modo, o dever de reposição da situação anterior pode cessar quando esteja em presença uma causa legítima de inexecução ou incumprimento da decisão, obrigando, no entanto, a Administração a pagar uma indemnização compensatória ao titular do direito à execução.

Com base nos artigos 110.º do CPA e 3.º da Lei 8/96, prefiguram-se três modalidades legítimas de inexecução judicial:

– A impossibilidade da sua execução, por o objecto do acto anulado se ter tornado física ou legalmente impossível;
– A gravidade do prejuízo que dela deriva para o interesse público: tem-se aqui em vista aquelas situações em que da execução da sentença resultariam graves prejuízos para a Administração Pública e, consequentemente, para o interesse geral da colectividade;

---

[112] Aconselha-se a leitura deste interessante artigo pela exposição e visão antagónica dos dois Autores sobre a mesma matéria.

Parte III 119

– A verificação de circunstâncias de ordem, segurança e tranquilidades públicas.

Após a decisão judicial, a entidade demandada pode, sempre que entenda a verificação de qualquer dos pressupostos acima mencionados, solicitar ao tribunal, no prazo de 15 dias a contar da notificação, a inexecução judicial (artigo 108.° do Decreto-Lei 4-A/96). O tribunal avalia e decide sobre a verificação dos pressupostos invocados; se os considerar procedentes, o particular fica, então, com direito a ser indemnizado pelos prejuízos que a inexecução lhe causar (artigo 4.° Lei 8/96, de 19 de Abril). Vale a pena dizer que a responsabilidade compensatória será por actos lícitos.

Já quanto às causas de inexecução ilícita das sentenças por parte da Administração, nos termos em que a Administração Pública se recusa a executar uma sentença sem nenhuma causa de justificação da inexecução, o nosso sistema consagra a eventual responsabilidade disciplinar, civil e criminal dos titulares com deveres de executar. A Lei 21/90, de 22 de Dezembro, sobre os crimes cometidos por titulares de cargos de responsabilidade, diz, no seu artigo 7.°, que "o titular de cargo de responsabilidade que, no exercício das suas funções, não acatar ou se opuser à execução de decisão do tribunal transitada em julgado, que por dever do cargo lhe caiba, será punido com prisão e multa correspondente". É a mais forte garantia contra a inexecução ilícita. Sem prejuízo disso, a falta de cumprimento de uma decisão judicial constitui uma clara violação do sistema jurídico e do princípio do Estado de Direito.

CAPÍTULO X
A Tutela Cautelar do Acto Administrativo

14. A suspensão da eficácia do acto administrativo

Com o pedido de suspensão da eficácia do acto administrativo pretende-se que a Administração Pública não o execute enquanto não for definitivamente julgado o respectivo recurso contencioso de impugnação, interposto ou a interpor pelo peticionário (artigo 1.º da Lei n.º 8/96, de 19 de Abril e artigo 66.º do CPA.

O que o peticionário visa é a não execução, pela Administração Pública, do acto impugnado. Pretende, só, suspender os efeitos do acto e não transformar o acto em si, enquanto não houver uma sentença definitiva sobre a relação administrativa controvertida. Aliás, é este o efeito útil pretendido[113].

Quando o requerente acciona o meio cautelar, terá de invocar, como fundamento do pedido formulado, que a execução imediata do acto é susceptível de causar prejuízo irreparável ou de difícil reparação, para si e para os interesses que o recurso contencioso de impugnação procura acautelar (alínea a) do n.º 2 do artigo 1.º da Lei n.º 8/96 e o n.º 1 do artigo 60.º do CPA). Este é o que podemos chamar de fundamento positivo do pedido.

Para que o pedido proceda, é ainda necessário que se verifique um outro fundamento, já de carácter negativo, que consiste em se ter a convicção de que da suspensão da eficácia do acto não resulte lesão grave para a realização do interesse público. Em jogo estão, portanto, dois interesses

---

[113] Em regra, a suspensão da eficácia do acto administrativo só serve para os actos de conteúdo positivo, como, por exemplo, a expropriação de um bem por utilidade pública; a demolição etc. Não se aplica aos actos de conteúdo negativo, embora haja pouquíssimas excepções: se a autoridade administrativa competente recusa renovar uma licença, é bem possível solicitar a suspensão da recusa para que o particular continue a exercer a sua actividade.

122　　*Direito do Contencioso Administrativo Angolano*

legítimos e conflituantes: o interesse do requerente (particular) e o interesse público. Neste conflito de interesses, prevalece o interesse público (n.° 2 do artigo 1.° da Lei n.° 8/96 e artigo 60.° do CPA).

Contudo, a suspensão não procede, se for manifesto que o recurso é ilegal e não deve, nem pode ser admitido (n.° 3 do artigo 60.° do CPA).

14.1. *Momento e forma do pedido*

O pedido é formulado através de um requerimento por quem tenha legitimidade de interpor o recurso contencioso de impugnação do acto. O requerimento é acompanhado de tantos duplicados quantos os interessados e deve conter os elementos enumerados no artigo 62.°, n.°s 1 e 4 do CPA.

O requerimento pode ser apresentado antes e em separado do recurso contencioso ou junto com o recurso contencioso (artigo 61.°, n.° 1 do CPA). Contudo, o requerimento só pode ser apresentado antes e em separado do recurso contencioso, quando o requerente (ou qualquer outro interessado) tenha, na reclamação administrativa que antecede o recurso, pedido a suspensão e esse pedido tenha sido indeferido (artigo 61.°, n.° 2 do CPA).

Normalmente, no pedido de suspensão formulado antes e em separado do requerimento de recurso, o recorrente junta ao requerimento de pedido de suspensão respectivo, além dos elementos de prova do processo administrativo de reclamação em que foi indeferido o pedido de suspensão da eficácia do acto, uma certidão ou qualquer outro comprovativo do teor e da prática do acto e da respectiva publicação ou notificação ao requerente (artigo 62.°, n.° 2 do CPA).

14.2. *Autuação e tramitação do requerimento*

Nos pedidos de suspensão da eficácia do acto administrativo apresentados ao mesmo tempo que o recurso contencioso, o respectivo requerimento é autuado por apenso ao recurso, preso, por linha, ao processo principal do recurso contencioso, apesar de cada um deles ter uma tramitação autónoma e independente (artigo 63.°, n.° 2 do CPA).

Para o pedido de suspensão da eficácia do acto solicitado antes e em separado, o requerimento é autuado como processo próprio e só será apenso ao recurso, se esse vier a ser interposto, depois de transitar em julgado a decisão proferida sobre o pedido de suspensão formulado (artigo 63.º, n.º 1 do CPA).

A consequência legal em caso de extemporaneidade do processo principal é a caducidade do processo, e, por conseguinte, o pedido fica sem efeito, mesmo que, para tal, se tenha decidido favoravelmente ao pedido de suspensão da eficácia do acto (artigo 65.º, n.º 3 do CPA).

Se com o processo cautelar de suspensão da eficácia do acto se pretende que a Administração Pública não execute a sua decisão antes da sentença sobre o acto objecto de litígio, a tramitação processual deve ser o mais célere e simples possível. Eis a razão de haver, com base no artigo 64.º do CPA, apenas três actos de processo, designadamente:

– Notificação do autor do acto (ou que tenha passado a exercer o respectivo cargo) e de todos aqueles a quem a suspensão da eficácia do acto possa directamente prejudicar, para responder ao pedido no prazo de 8 dias;
– Vista ao Ministério Público por três dias, para parecer;
– Conclusão do juiz para decidir, no prazo de 5 dias;

Na Câmara do Cível e Administrativo do Tribunal Supremo, depois da vista ao Ministério Público, o processo vai aos vistos dos juízes adjuntos por 3 dias (salvo se o relator, em função da urgência e da simplicidade os dispensar) e ao relator, também por 5 dias, para que elabore o projecto de decisão, após que a questão é julgada na sessão seguinte da Câmara.

Se o pedido de suspensão da eficácia proceder, haverá a suspensão provisória do acto durante a pendência do recurso contencioso, bem como o efeito inibitório automático, mediante o qual se responsabiliza civil e criminalmente pelos prejuízos causados a todos aqueles que, depois de notificados da decisão que suspendeu a eficácia do acto ou que dela tenha conhecimento, não a cumprirem e o executarem (artigos 65.º a 68.º do CPA).

LEGISLAÇÃO CONTENCIOSA ADMINISTRATIVA ANGOLANA

ASSEMBLEIA NACIONAL

LEI N.º 2/94
de 14 de Janeiro*

As profundas transformações que se vêm operando em Angola vão determinando cada vez mais a tomada de medidas tendentes à consolidação da democracia e do Estado de Direito.

Neste âmbito, inscreve-se a presente Lei, que deverá constituir um instrumento necessário para a protecção geral dos cidadãos contra eventuais erros, excessos ou abusos dos órgãos públicos, por virtude de tomada de decisões executórias ou deliberações administrativas violadoras da Lei.

Nestes termos, ao abrigo do disposto no artigo 43.º e na línea b) do artigo 88.º da Lei Constitucional, a Assembleia Nacional aprova a seguinte:

LEI DA IMPUGNAÇÃO DOS ACTOS ADMNISTRATIVOS

CAPÍTULO I
Das disposições gerais

ARTIGO 1.º
(Dos actos administrativos)

1. São actos administrativos os praticados no exercício das suas funções pelos órgãos da administração central e local do Estado e pelos órgãos de direcção das pessoas colectivas de direito público.

---

* Publicada no *Diário da República* n.º 2, I Série, de 14 de Janeiro.

128 *Direito do Contencioso Administrativo Angolano*

2. Consideram-se, para efeito da presente Lei, pessoas colectivas de direito público os serviços personalizados do Estado e os estabelecimentos públicos.

ARTIGO 2.º
(Das acções administrativas)

1. São susceptíveis de apreciação contenciosa as acções derivadas de contratos de natureza administrativa.

2. Os factos de que resultem responsabilidade extra-contratual dos órgãos e organismos mencionados no artigo 1.º são apreciados em processos de natureza cível.

ARTIGO 3.º
(Dos contratos administrativos)

São contratos administrativos os celebrados pelos órgãos e organismos referidos no artigo 1.º, no exercício das suas funções de administração, para fins de utilidade pública.

ARTIGO 4.º
(Das omissões administrativas)

Podem ainda ser impugnados por meio de reclamação ou de recurso as omissões dos órgãos referidos no artigo 1.º, nos casos em que lhes coubesse o dever legal de agir na protecção dos direitos gerais da comunidade, do meio ambiente ou da conservação da natureza.

ARTIGO 5.º
(Dos poderes delegados)

Consideram-se como proferidos pela autoridade que conferiu o poder, os actos administrativos dimanados de autoridade hierarquicamente inferiores no uso de poderes delegados.

ARTIGO 6.º
(Da impugnação)

Os actos administrativos de carácter definitivo e executório, feridos de ilegalidade ou lesivos de direitos adquiridos, podem ser impugnados por meio de reclamação ou de recurso administrativo.

ARTIGO 7.º
(Fundamento)

Constitui fundamento de impugnação dos actos administrativos, a ilegalidade que se pode consubstanciar na violação da lei, incompetência, vício de forma, desvio de poder e usurpação de poder.

ARTIGO 8.º
(Das exclusões)

1. Não são passíveis de impugnação:

a) Os actos administrativos que sejam a confirmação de outros;

b) Os actos administrativos proferidos em processos de natureza disciplinar, laboral, fiscal ou aduaneiro ou de natureza cível que estejam afectos à jurisdição própria;

c) Os actos de natureza política.

2. Consideram-se actos de natureza política os praticados no exercício estrito da função política do Estado, nomeadamente, dos artigos 66.º, 88.º, 110.º e 114.º da Lei Constitucional.

CAPÍTULO II
Da impugnação dos actos administrativos

ARTIGO 9.º
(Das modalidades)

A impugnação dos actos administrativos pode ser feita por meio de:

a) reclamação, dirigida ao órgão de que dimana o acto;

b) recurso hierárquico, dirigido ao órgão hierarquicamente superior ao que proferiu o acto ou de tutela;

c) recurso contencioso, interposto junto do tribunal competente.

ARTIGO 10.º
(Dos limites da fundamentação)

Só os fundamentos de facto e de direito invocados para a reclamação e para o recurso hierárquico, podem constituir causa para o recurso contencioso.

ARTIGO 11.º
(Do objecto)

1. A impugnação dos actos administrativos por via de reclamação ou recurso hierárquico tem por objecto a sua revogação ou alteração.

2. A impugnação dos actos administrativos por recurso contencioso tem por objecto a declaração da sua invalidade ou anulação.

ARTIGO 12.º
(Da precedência obrigatória)

O recurso contencioso é obrigatoriamente precedido de:

a) reclamação, quanto aos actos administrativos de membros do governo, governadores provinciais e administradores municipais;

b) recurso hierárquico, quanto aos actos dos órgãos hierárquicos inferiores aos mencionados na alínea anterior e dos órgãos directivos das pessoas colectivas e institutos de direito público.

ARTIGO 13.º
(Dos prazos)

1. O prazo para a impugnação por via de reclamação ou de recurso hierárquico é de 30 dias.
2. O prazo para o recurso contencioso é de 60 dias.

ARTIGO 14.º
(Da contagem de prazos)

1. A contagem do prazo para reclamação ou recurso hierárquico opera-se a partir da data da notificação do acto ou da sua publicação.
2. A contagem do prazo para o recurso contencioso opera-se a partir da notificação da decisão que recair sobre a reclamação ou o recurso hierárquico.
3. Se no prazo de 60 dias não for proferida decisão por quem tenha o dever legal de o fazer, considera-se tacitamente indeferida a reclamação ou o recurso. Neste caso, o interessado tem o direito ao recurso hierárquico ou contencioso, conforme o caso.

CAPÍTULO III
Da função jurisdicional

ARTIGO 15.º
(Da competência)

Compete ao Tribunal Supremo e aos Tribunais Provinciais, conhecer dos recursos e acções previstos nesta Lei.

ARTIGO 16.º
(Do plenário)

Compete ao Plenário do Tribunal Supremo, além das demais espécies de recursos previstos na lei, conhecer:

a) dos recursos dos acórdãos preferidos pela Câmara do Cível e Administrativo em 1ª instância;
b) dos actos administrativos do Presidente da República, do Presidente da Assembleia Nacional, do Governo, do Chefe do Governo e do Presidente do Tribunal Supremo.

ARTIGO 17.º
(Da Câmara do Cível e Administrativo)

Compete à Câmara do Cível e Administrativo do Tribunal Supremo conhecer:

a) dos recursos dos actos administrativos dos membros do Governo, dos governadores provinciais e das pessoas colectivas do direito público de âmbito nacional;
b) das acções derivadas de contratos de natureza administrativa, celebrados pelos órgãos e organismos referidos no artigo 1.º;
c) dos outros recursos e acções que lhe sejam cometidos por lei.

ARTIGO 18.º
(Da Sala do Cível e Administrativo)

Compete à Sala do Cível e Administrativo do Tribunal Provincial conhecer:

a) dos recursos dos actos administrativos dos órgãos locais do poder do Estado, abaixo do Governador Provincial, das pessoas colectivas de direito público e das empresas gestoras de serviços públicos de âmbito local;
b) das acções derivadas de contratos de natureza administrativa celebrados pelos órgãos e organismos referidos no número anterior;
c) de outros recursos e acções que lhe sejam cometidas por lei.

ARTIGO 19.º
(Do alargamento de jurisdição)

A título transitório, pode ser alargada a mais de uma Província a jurisdição da Sala do Cível e do Administrativo de um Tribunal Provincial.

CAPÍTULO IV
Das disposições finais

ARTIGO 20.º
(Da revogação de legislação)

É revogada toda a legislação que contrarie o disposto na presente lei.

ARTIGO 21.º
(Da interpretação)

As dúvidas e omissões que surgirem na interpretação e aplicação da presente Lei são resolvidas pela Assembleia Nacional.

ARTIGO 22.º
(Da regulamentação em vigor)

A presente Lei entra em vigor na data da publicação.

Vista e aprovada pela Assembleias Nacional.

Publique-se.
Luanda, aos 14 de Janeiro de 1994.
O Presidente da Assembleia Nacional, *Fernando José de França Dias Van-Dúnem.*
O Presidente da República.
JOSÉ EDUARDO DOS SANTOS.

CONSELHO DE MINISTROS

DECRETO-LEI N.° 4-A/96
de 5 de Abril*

Considerando que após a aprovação pela Assembleia Nacional e subsequente aprovação no Diário da Republica da Lei n.° 2/ 94, de 14 de Janeiro, lei da Impugnação dos Actos Administrativos, é visível a constatação de dificuldades de ordem prática evidenciada, quer pelos órgãos jurisdicionais, quer ainda pelos profissionais do foro;

Convindo ultrapassar tais obstáculos, mediante a produção de normas regulamentadoras do citado diploma, para o tornar aplicável e exigível;

Verificando-se algumas lacunas na lei em áreas importantes e sensíveis, como as que se prendem com a suspensão da eficácia dos actos administrativos impugnados, a suspensão temporária e a inexecução das decisões dos tribunais, transitadas em julgado e a garantia em tais casos, de indemnização e liquidação dos prejuízos causados, quando aquelas decisões não são ou não podem ser executadas;

Urgindo clarificar todas estas e demais questões do contencioso administrativo, no âmbito processual ou adjectivo;

Nos termos das disposições combinadas da alínea h) do artigo 110.° e do artigo 113.°, ambos da Lei Constitucional, o Governo decreta o seguinte:

---

* Publicado no *Diário da República* n.° 14, I Série, de 5 de Abril.

REGULAMENTO
DO PROCESSO CONTENCIOSO ADMINISTRAVO

TÍTULO I
Princípios Gerais

CAPÍTULO I
Âmbito de Aplicação

ARTIGO 1.º
(Âmbito e disposições subsidiárias)

1. O Processo Contencioso Administrativo é aplicável aos recursos e acções propostas no âmbito da Lei n.º 2 /94, de 14 de Janeiro, da impugnação dos actos administrativos.

2. No que não estiver previsto neste diploma, são aplicáveis as disposições relativas ao funcionamento da administração pública do Estado e supletivamente as normas do processo civil.

ARTIGO 2.º
(Iniciativa processual)

A iniciativa processual é restrita aqueles a quem a lei confere legitimidade activa e deve corresponder à competência atribuída ao tribunal para conhecimento do objecto do pedido.

CAPÍTULO II
Das Partes

ARTIGO 3.º
(Legitimidade activa)

Tem legitimidade para demandar no processo de contencioso administrativo:

Legislação Contenciosa Administrativa Angolana   137

a) O titular do direito individual ou colectivo, que tenha sido violado ou que possa vir a ser afectado pelo acto jurídico impugnado;

b) Quem for parte no contrato administrativo;

c) Qualquer cidadão ou associação cujo fim legal seja a protecção do interesse protegido, no caso de omissão dos órgãos de administração perante o seu dever legal de agir;

d) O Ministério Público quando o acto administrativo impugnado viole a Lei Constitucional ou for manifestamente ilegal.

ARTIGO 4.º
(Legitimidade Passiva)

1.Tem legitimidade para ser demandado:

a) O Órgão da Administração do Estado de que promana o acto impugnado ou que praticou a violação do direito;

b) Todo aquele que tenha sido beneficiado com o acto impugnado ou que possa ser directamente prejudicado com a procedência do recurso;

c) A parte com quem for celebrado o contrato administrativo;

d) O Ministério Público sempre que não for autor da demanda.

2. A falta de um interessado como demandado importa a ilegitimidade dos demais.

ARTIGO 5.º
(Coligação dos demandantes)

Podem coligar-se como demandantes aqueles que tenham igual interesse ao provimento do recurso, desde que o tribunal competente seja o mesmo em razão da hierarquia e do território.

ARTIGO 6.º
(Coligação de demandados)

Pode ser proposta uma única demanda contra mais de um demandado

138 *Direito do Contencioso Administrativo Angolano*

sempre que os fundamentos do recurso quer de facto quer de direito sejam os mesmos, desde que o tribunal competente para o conhecimento do recurso seja o mesmo em razão da hierarquia e do território.

ARTIGO 7.º
(Intervenção de Terceiro)

1. Pode intervir nos actos como demandante ou como demandado quem demonstrar ter interesse idêntico à parte com a qual pretende coligar-se.
2. A intervenção de terceiro só é permitida até ao último dia do prazo para a apresentação dos articulados.
3. Requerida a intervenção serão notificadas todas as partes para apresentarem a sua resposta.

CAPÍTULO III
Do Pedido

ARTIGO 8.º
(Objecto)

1. No recurso contencioso de impugnação de acto da administração o pedido pode abranger a invalidade do acto ou a sua anulação total ou parcial.
2. Nas acções de contratos administrativos o pedido pode abranger a resolução, caducidade, anulabilidade ou incumprimento do contrato.

ARTIGO 9.º
(Cumulação de pedidos)

Podem cumular-se pedidos de impugnação de diferentes actos administrativos quando sejam os mesmos demandantes e os fundamentos de recurso e desde que o tribunal seja competente em razão da hierarquia e do território.

ARTIGO 10.°
(Apensação)

O Tribunal pode ordenar oficiosamente a apensação de processos em que pudesse operar-se a coligação de demandados ou a cumulação de pedidos.

ARTIGO 11.°
(Desistência)

1. O demandante pode desistir da instância ou do pedido até ser proferida a decisão.
2. O termo de desistência será lavrado na forma prevista na Lei do Processo Civil.

ARTIGO 12.°
(Não oposição)

1. A parte demandada poderá vir ao processo declarar não pretender opor-se ao pedido.
2. Quando se trata de órgão da Administração do Estado a declaração depende da autorização do órgão que for hierarquicamente superior.

ARTIGO 13.°
(Inutilidade do pedido)

A administração pode reconhecer a pretensão do demandante através de um acto que revogue o acto objecto de impugnação, devendo neste caso o tribunal por fim ao processo.

ARTIGO 14.°
(Revogação parcial)

Se a revogação do acto impugnado for parcial, o recurso contencioso

140   *Direito do Contencioso Administrativo Angolano*

prossegue para apreciação do pedido sem necessidade de novo procedimento administrativo.

CAPÍTULO IV
Da Causa

SECÇÃO I
Valor da causa

ARTIGO 15.°
(Valor nos recursos contenciosos)

1. Aos recursos contenciosos é atribuído um valor certo, expresso em moeda com curso legal, correspondente a utilidade económica que directa ou indirectamente derive de pedido.

2. Quando ao pedido não corresponder utilidade económica o valor da causa é fixado em trinta e uma vezes o valor do salário mínimo da função pública.

ARTIGO 16.°
(Valor nas acções)

Nas acções, o valor da causa é o da totalidade dos valores do contrato administrativo, salvo quando o pedido se reporte a incumprimento parcial do contrato, caso em que o valor da causa corresponde ao pedido.

ARTIGO 17.°
(Alteração do valor)

1. O valor da causa pode ser impugnado pela outra parte, na sua defesa.

2. O valor da causa pode ser fixado por decisão do juiz até ao trânsito em julgado da decisão, de acordo com os elementos do processo ou por diligências ordenadas oficiosamente.

Legislação Contenciosa Administrativa Angolana   141

SECÇÃO II
Deserção

ARTIGO 18.º
(Processo parado)

1. Nos processos que estiverem parados por culpa da parte por mais de 90 dias, deve o demandante ser notificado para promover o andamento do processo no prazo de 30 dias.
2. Decorrido este prazo sem que o demandante promova o andamento do processo é declarada a deserção da instância e ordenado o arquivamento dos actos.

CAPÍTULO V
Competência, Poderes, Alçada do Tribunal e Efeitos das Decisões

ARTIGO 19.º
(Competência material)

1. A questão da competência material pode ser suscitada a todo o tempo, oficiosamente pelo tribunal ou a requerimento do Ministério Público ou das partes.
2. O facto de ser a causa inicialmente admitida e o prosseguimento do processo, não obstam a que o tribunal se pronuncie no sentido da sua não competência material.

ARTIGO 20.º
(Competência em razão do território e da hierarquia)

1. No caso de ser declarado o tribunal incompetente em razão do território ou da hierarquia, pode a parte vir requerer a remessa dos autos ao tribunal competente, antes do trânsito em julgado da decisão.
2. A remessa é efectuada depois de satisfeitos os encargos judiciais.
3. Os prazos judiciais de interpretação de recurso e de propositura da

142 *Direito do Contencioso Administrativo Angolano*

acção reportam-se à data da apresentação do processo no tribunal que o remete.

ARTIGO 21.º
(Poderes de cognição)

No processo contencioso administrativo o tribunal pode reconhecer oficiosamente da admissibilidade de recurso e das questões de facto e de direito que se prendam com a decisão da causa, mesmo que não tenham sido alegados, não podendo, no entanto, conhecer para além do pedido.

ARTIGO 22.º
(Diligências de prova)

O tribunal pode ordenar oficiosamente que se proceda às diligências de prova que entenda necessárias a decisão da causa.

ARTIGO 23.º
(Alçada)

1. A alçada da Sala do Cível e Administrativo do Tribunal Provincial é de trinta vezes o salário mínimo da função pública.
2. A alçada da Câmara do Cível e Administrativo do Tribunal Supremo é de sessenta vezes o salário mínimo da função pública.

ARTIGO 24.º
(Efeitos e limites das decisões)

1. Nos recursos de anulação de actos administrativos, a decisão tem efeitos retroactivos à data da prolação do acto.
2. O tribunal não pode proferir decisão que envolva acto de competência e administração demandada.

CAPÍTULO VI
Representação em Juízo e Custas Judiciais

ARTIGO 25.º
(Representação em juízo)

1. As partes devem estar obrigatoriamente representadas em juízo por advogado.
2. As entidades referidas no artigo 1.º da Lei n.º 2/94, de 14 de Janeiro, podem ser representadas em juízo por licenciado em direito que lhe preste assessoria jurídica ou por advogado constituído.
3. Quando tal não for incompatível com a posição processual assumida, pode a autoridade pública demandada ser representada pelo Ministério Público.

ARTIGO 26.º
(Nomeação de advogados e dispensa de preparos
e pagamento prévio de custas)

1. Quando a parte não dispuser de recursos económicos para a constituição de advogado, deve requerer ao tribunal que lhe seja nomeado um advogado oficiosamente e pedir dispensa de preparos e pagamento prévio de custas judiciais.
2. O requerimento é instruído com a documentação comprovativa da situação económica do requerente, podendo o juiz ordenar as diligências que entender necessárias a decisão, devendo os autos vir a ser apensados ou correr por apenso a acção principal.
3. Havendo alteração da situação económica da parte deverá esta passar ao pagamento das custas judiciais e dos honorários de advogado que forem devidos, sob as cominações previstas na Lei.

CAPÍTULO VII
Citação e notificações

ARTIGO 27.º
(Chamada ao processo, primeira notificação)

1. As partes e as pessoas interessadas são chamadas pela primeira vez ao processo, para se oporem ou defenderem, através de citação derivadas de contratos administrativos, e mediante notificação, nos recursos de impugnação de actos administrativos e nos processos de suspensão de eficácia de actos administrativos.

2. A primeira notificação para efeitos do número anterior é feita na pessoa do notificado ou na do seu representante legal.

3. Sendo a pessoa a notificar um órgão da Administração do Estado, a primeira notificação é feita na pessoa do autor do acto objecto de impugnação ou do novo titular, quando outra pessoa tiver, entretanto, sido nomeada para o exercício do cargo.

ARTIGO 28.º
(Formas de notificação)

1. As notificações podem ser efectuadas por meio que garanta a sua efectiva recepção pelo interessado e deve ser sempre acompanhada da data, conteúdo do acto notificado, a identificação do tribunal que a ordenou e do número do processo a que se refere.

2. A notificação é depois de efectuada, incorporada no processo.

ARTIGO 29.º
(Recusa de notificação)

Quando a pessoa a notificar ou o seu representante recusar a notificação, o facto deve ser certificado por dois funcionários judiciais e ficar a constar do processo, considerando-se efectuada a notificação na data em que se tiver verificado a recusa.

ARTIGO 30.º
(Notificação edital e pelos meios de difusão)

Quando os interessados sejam desconhecidos, ou se desconheça o seu local de residência ou cujo último local conhecido de residência seja no estrangeiro deve usar-se a notificação por éditos afixados à porta do tribunal e por anúncio sucinto através de qualquer meio de comunicação social.

ARTIGO 31.º
(Notificações posteriores)

1. As notificações de natureza processual que não importem a prática dum acto de natureza pessoal são feitas na pessoa do advogado constituído do Ministério Público ou do jurista designado para representar a pessoa jurídica demandada.

2. Os advogados que tenham residência profissional fora da sede do tribunal devem nela escolher domicílio para o efeito de receberem as notificações.

CAPÍTULO VIII
Actos da Secretaria

ARTIGO 32.º
(Autuação e registo)

1. Os papéis relativos ao recurso contencioso e às acções derivadas de contratos administrativos são apresentados no Gabinete do Secretário ou na Câmara do Cível e Administrativo do Tribunal Supremo ou no Cartório da Sala do Cível e Administrativo do Tribunal Provincial respectivamente.

2. Os papéis correspondentes a cada processo são autuados e rubricados pelo secretário ou pelo escrivão do respectivo cartório.

ARTIGO 33.°
(Espécies de processo no plenário)

As espécies de processos no plenário do Tribunal Supremo são as seguintes:

a) recursos ordinários das decisões proferidas em processo de impugnação de acto administrativo;

b) recursos ordinários das decisões proferidas em acções derivadas de contratos administrativos;

c) recursos ordinários das decisões proferidas em matéria de suspensão da eficácia de actos administrativos;

d) recursos extraordinários;

e) recursos de impugnação de actos administrativos em primeira e única instância;

f) processo de suspensão de eficácia do acto administrativo.

ARTIGO 34.°
(Espécies de processo na Câmara do Cível e Administrativo do Tribunal Supremo)

As espécies de processo da Câmara do Cível e Administrativo do Tribunal Supremo são as seguintes:

a) recursos de impugnação de acto administrativo;

b) acções derivadas de contratos administrativos;

c) execuções baseadas em títulos diversos de sentenças;

d) recursos ordinários das decisões das Salas do Cível e Administrativo dos Tribunais Provinciais proferidas em recursos de impugnação de actos administrativos;

e) recursos ordinários das decisões das Salas do Cível e Administrativo em matéria de acções derivadas de contratos administrativos;

f) recursos das decisões proferidas em matéria de suspensão da eficácia dos actos administrativos.

ARTIGO 35.°
(Espécies de processos nas Salas do Cível e Administrativo dos Tribunais Provinciais)

As espécies de processos nas Salas do Cível e Administrativo dos Tribunais Provinciais são as seguintes:

a) recursos de impugnação de actos administrativos;
b) acções derivadas de contratos administrativos;
c) execuções baseadas em títulos diversos de sentenças;
d) execução de multas administrativas;
e) processos de suspensão da eficácia dos actos administrativos;
f) recursos em processos de contravenção ou transgressão administrativa.

ARTIGO 36.°
(Distribuição)

1. Os processos na Sala do Cível e Administrativo do Tribunal Provincial são atribuídos ao juiz ou distribuídos se houver mais de um juiz ou secção.

2. Os processos na Câmara do Cível e Administrativo do Tribunal Supremo são distribuídos por sorteio na primeira sessão entre os juízes respectivos.

3. Os processos do Plenário do Tribunal Supremo são distribuídos por sorteio na primeira sessão, sendo que, quando se trate de recursos interpostos das decisões da Câmara do Cível e Administrativo, fica fora da distribuição o juiz relator da decisão objecto do recurso.

ARTIGO 37.°
(Duplicados)

Os articulados e as alegações apresentados em tribunal são acompanhados de tantos duplicados quantos os interessados de parte contrária que litiguem separadamente e de uma cópia isenta de selo para o arquivo do tribunal.

ARTIGO 38.°
(Publicação)

Aos acórdãos do Plenário do Tribunal Supremo que recaíram sobre os recursos das decisões da Câmara do Cível e Administrativo é aplicável e disposto no artigo 48.°, n.° 3 da Lei n.° 20/88.

TÍTULO II
Recurso contencioso de impugnação de acto administrativo

CAPÍTULO IX
Iniciativa Processual

ARTIGO 39.°
(Direito de accionar)

O recurso contencioso de impugnação de acto administrativo é iniciado pela pessoa ou pelo representante do Ministério Público que tenha intervido no procedimento administrativo de reclamação ou recurso hierárquico que o antecede.

ARTIGO 40.°
(Objecto)

O Objecto do recurso abrange o acto ou a comissão administrativa contra a qual se recorreu ou reclamou e a decisão que recaiu sobre o recurso hierárquico ou a reclamação ou o seu indeferimento tácito quando tal tiver ocorrido.

ARTIGO 41.°
(Requerimento inicial)

1. O recurso é interposto por requerimento inicial do qual deve constar:

Legislação Contenciosa Administrativa Angolana 149

a) a identidade completa do interessado ou da pessoa que representa o seu domicílio;

b) a menção do órgão de Administração do Estado ou da pessoa colectiva de direito público demandado, com a identificação da pessoa que proferiu o acto ou de quem exerce o cargo ou quem a represente, respectivo domicílio legal e bem assim a identificação completa dos demais interessados;

c) a identificação do acto impugnado;

d) os factos e razões em que se baseia o pedido;

e) os fundamentos de direito e a indicação das normas jurídicas violadas;

f) a formulação do pedido;

g) a indicação do valor;

h) o oferecimento dos meios de prova e a menção dos factos sobre que dele recair;

i) a menção da constituição de mandatário forense e a indicação da constituição do local da via para receber as notificações;

j) o lugar e a data em que o recurso é imposto.

2. O requerimento deve ser instruído com cópia ou certidão do acto impugnado, indicando-se o local onde se encontra o procedimento administrativo.

ARTIGO 42.º
(Certificado de apresentação)

O demandante pode pedir que lhe seja passado recibo da apresentação do recurso ou feita num duplicado a anotação do recebimento da qual conste, além do recebimento, a data em que ocorreu.

ARTIGO 43.º
(Rectificação do requerimento inicial)

Apresentado o requerimento inicial, se juiz ou relator verificar a falta de qualquer dos elementos constantes do artigo 41.º deve conceder ao demandante o prazo de 10 dias para o completar.

150 *Direito do Contencioso Administrativo Angolano*

ARTIGO 44.°
(Arquivamento do processo)

Decorrido o prazo sem que tenha sido cumprido o ordenado no artigo anterior, o juiz singular ordena o arquivamento dos autos e o relator a remessa do processo à conferência para o mesmo efeito.

ARTIGO 45.°
(Despacho ou acórdão preliminar)

1. O juiz deve lavrar despacho ou exposição no prazo de 10 dias do qual conste:

a) se o tribunal tem jurisdição ou competência para conhecer do processo;
b) se o demandante está devidamente representado e tem legitimidade;
c) se o acto impugnado é susceptível de impugnação contenciosa nos termos do artigo 8.° da Lei n.° 2/94;
d) se o recurso foi procedido dos procedimentos administrativos previstos no artigo 12.° da Lei n.° 2/94;
e) se o recurso foi interposto dentro ou fora do prazo.

2. A ordem será notificada ao funcionário responsável do expediente administrativo do órgão do Estado ou da pessoa colectiva de direito público demandado, que deverá cumpri-la no prazo de 5 dias.
3. A falta de cumprimento da ordem do tribunal será punida nos termos da lei penal.

CAPÍTULO X
Oposição

ARTIGO 46.°
(Procedimento administrativo)

1. Devendo o recurso prosseguir, o tribunal ordena ao órgão de Administração do Estado ou da pessoa colectiva de direito público que

Legislação Contenciosa Administrativa Angolana　　151

tenha em seu poder o procedimento administrativo que antecedeu o recurso, que remete ao tribunal.

2. A ordem será notificada ao funcionário responsável do expediente administrativo do órgão do Estado ou da pessoa colectiva de direito público demandado, que deverá cumpri-la no prazo de 5 dias.

3. A falta de cumprimento da ordem do tribunal será punida nos termos da lei penal.

ARTIGO 47.º
(Prazo de contestação)

1. A autoridade recorrida, os interessados e o Ministério Público quando não seja autor de demanda serão pessoalmente notificados para contestar no prazo de 30 dias.

2. O prazo concedido ao Ministério Público pode ser prorrogado pelo período máximo de 60 dias quando razões ponderosas o justifiquem.

3. O prazo de contestação decorre singularmente para cada um dos interessados a partir da data em que se efectuou ou em que deve ser dada como efectuada a notificação.

ARTIGO 48.º
(Junção do procedimento administrativo)

O procedimento administrativo é notificado pela Secretaria ou Cartório ao demandante para exame pelo prazo de cinco dias, podendo ser deduzida reclamação no caso de insuficiência.

ARTIGO 49.º
(Contestação)

1. Na contestação, o demandado deve consignar, além de outra matéria de oposição que considere pertinente:

a) os factos;
b) os fundamentos;
c) o pedido;

152   *Direito do Contencioso Administrativo Angolano*

d) o oferecimento da prova e factos sobre que ela deve recair;
e) a indicação do mandatário forense e do domicílio escolhido para efeito do recebimento das notificações.

2. A falta de contestação não importa a confissão dos factos, nem do pedido.

ARTIGO 50.º
(Reconvenção)

Nas acções da impugnação dos actos administrativos não é permitido deduzir pedido reconvencional.

CAPÍTULO XI
Diligências de Prova e Alegações Finais

ARTIGO 51.º
(Diligências de prova)

1. O juiz ou relator decide sobre as diligências de prova, podendo rejeitar as que entenda não terem interesse para a decisão ou que se reportem a factos que considere como provados e pode ordenar oficiosamente diligências de provas sobre factos que considere essenciais à decisão.
2. São aplicáveis as normas do processo civil referentes à produção de prova.
3. A Câmara do Cível e Administrativo pode delegar no Tribunal Provincial a realização de alguma ou de todas as diligências de prova.

ARTIGO 52.º
(Intervenção de peritos)

1. O Tribunal pode ordenar a intervenção de peritos com conhecimentos especializados, sempre que a questão em apreciação o exigir, devendo esta intervenção ser notificada às partes.

Legislação Contenciosa Administrativa Angolana   153

2. Cada uma das partes pode, nos cinco dias seguintes à notificação, indicar um perito à sua escolha.

ARTIGO 53.º
(Alegações)

1. Decorrido o prazo para contestação ou encerrada a produção de provas, quando ela tiver lugar, são os demandantes ou os demandados que tiverem contestado notificados, para no prazo de 20 dias e sucessivamente apresentarem alegações.

2. O processo fica patente na secretaria para exame das partes no prazo marcado para alegações.

CAPÍTULO XII
Decisão

ARTIGO 54.º
(Vista)

O processo vai com vista ao Ministério Público por dez dias, quando não seja parte na acção, para dar parecer sobre a decisão e suscitar as demais questões que julgue pertinentes e expressar-se sobre o comportamento das partes na lide.

ARTIGO 55.º
(Prazo da sentença)

No Tribunal Provincial, a sentença deve ser proferida no prazo de 30 dias.

ARTIGO 56.º
(Prazo de vistos e acórdão)

No Plenário e na Câmara do Cível e Administrativo, o prazo para vistos é de 15 dias e o acórdão deve ser proferido no prazo de 30 dias.

ARTIGO 57.º
(Conteúdo da decisão)

A decisão é precedida de relatório sobre o decurso dos autos e deve conter:

a) a apreciação sobre as questões que obstem ou não ao conhecimento do recurso:

b) se houver que conhecer do objecto do recurso, a apreciação dos vícios de que enferma ou não o acto recorrido e a declaração sobre a sua invalidade ou anulação.

ARTIGO 58.º
(Publicação da decisão)

1. Quando for dado provimento ao recurso, pode o demandante requerer que, as expensas suas, a decisão transitada em julgado seja publicada em extracto do Diário da República, por ordem do Tribunal.

2. Do extracto deve constar a indicação do tribunal que proferiu a decisão, a data em que transitou em julgado, a identificação das partes e o sentido da decisão.

ARTIGO 59.º
(Devolução do procedimento administrativo)

Transitada em julgado a decisão, o procedimento administrativo é devolvido à parte demandada, devendo para tal proceder-se à sua desapensação.

Legislação Contenciosa Administrativa Angolana

TÍTULO III
Suspensão da eficácia dos actos administrativos

ARTIGO 60.°
(Requisitos gerais)

1. As pessoas com legitimidade para recorrer contenciosamente de um acto administrativo podem requerer ao tribunal a suspensão da sua eficácia por fundamento em que a execução desse acto é susceptível de causar prejuízo irreparável ou de difícil reparação para elas ou para os interesses que ao recurso pretendem acautelar.

2. A suspensão é concedida sempre que o tribunal considere fundadas as razões invocadas pelo requerente e dela não resulte lesão grave para a realização do interesse público.

3. A suspensão não é concedida em caso algum, se for manifesto que o recurso é ilegal e não deve ser admitido.

ARTIGO 61.°
(Pedido de suspensão)

1. A suspensão pode ser pedida em requerimento formulado antes e em separado do recurso contencioso dirigido ao tribunal competente para o conhecimento deste ou em requerimento apresentado com a petição de recurso.

2. A suspensão só pode ser pedida em separado da interposição do recurso contencioso, no caso de, em processo administrativo de reclamação, o autor do acto ter indeferido o pedido de suspensão formulado por qualquer interessado.

ARTIGO 62.°
(Conteúdo e forma do requerimento)

1. O requerimento deve conter:

a) a identidade e residência do requerente e a de todos os interessados a quem a suspensão da eficácia do acto possa directamente lesar;

156   *Direito do Contencioso Administrativo Angolano*

b) a alegação do acto e a do seu autor ou do titular do respectivo cargo, assim como a do respectivo domicílio legal;

c) a alegação dos factos que fundamentam o pedido e a formulação deste;

d) a indicação do mandatário forense e do local para ele receber as notificações;

e) a menção dos documentos juntos.

2. No caso previsto no n.º 2 do artigo 61.º, o requerimento deve ser instruído com:

a) certidão ou qualquer outro comprovativo do teor e da prática do acto da respectiva publicação ou notificação ao requerimento;

b) prova documental da decisão do autor do acto a que se refere o n.º 2 do artigo 61.º, proferida no processo de reclamação.

3. As certidões requeridas para os efeitos da alínea b) do número anterior devem ser passadas no prazo de 24 horas.

4. O requerimento deve ser entregue, acompanhado de tantos duplicados quantos os interessados, que vivam em economia separada, a que se refere a alínea a) do n.º 1, de cópia não selada para arquivo do tribunal.

ARTIGO 63.º
(Autuação)

1. Quando a suspensão é pedida em separado do recurso contencioso, o requerimento é distribuído e autuado como processo próprio, que só será apensado ao recurso depois de transitar em julgado a decisão proferida sobre o pedido de suspensão.

2. Quando a suspensão é pedida em requerimento com a petição de recurso, aquele é autuado por apenso ao recurso.

ARTIGO 64.º
(Tramitação Processual)

1. Autuado o requerimento, o autor do acto ou quem tenha passado a exercer o respectivo cargo assim como aqueles a quem a suspensão da

Legislação Contenciosa Administrativa Angolana 157

eficácia do acto possa directamente prejudicar, são notificados para responder ao pedido formulado, no prazo de oito dias, entregando–se a cada um o respectivo duplicado.

2. Havendo interessados incertos ou desconhecendo-se a sua residência, a notificação é feita por edital afixado à porta do tribunal.

3. Juntas as respostas ou decorrido o prazo para esse efeito concedido, o processo é continuado com vista ao Ministério Público, por 3 dias, devendo o juiz decidir aos cinco dias seguintes.

4. Na Câmara do Cível e Administrativo, depois de vista ao Ministério Público, o processo vai aos vistos dos juízes adjuntos, por três dias a cada um, e por cinco dias ao juiz relator para elaborar o projecto de acórdão que é discutido e submetido a julgamento na sessão imediatamente seguinte.

5. No caso do número anterior, o relator pode, em função da urgência e da simplicidade da questão, dispensar os vistos.

ARTIGO 65.°
(Decisão)

1. Se a decisão suspender a eficácia do acto, deve ela ser notificada, o mais depressa possível, à autoridade requerida.

2. A suspensão subsiste até ao trânsito em julgado da decisão que julgar recurso contencioso, salvo se de outro modo tiver sido decidido pelo tribunal ou se, sujeita a alguma condição, esta não for cumprida.

3. No caso de ser requerida antes do recurso contencioso, nos termos do n.° 2 do artigo 61.°, a suspensão concedida caduca, se aquele não for interposto dentro do prazo previsto na lei para esse efeito.

ARTIGO 66.°
**(Efeitos da notificação da entidade requerida
para os termos do processo)**

1. Depois de ser notificada para responder ao requerimento de suspensão da eficácia do acto, não pode a autoridade administrativa requerida iniciar e prosseguir com a sua execução, competindo-lhe impedir que os seus agentes ou os interessados pratiquem, depois disso, qualquer acto de execução.

158   *Direito do Contencioso Administrativo Angolano*

2. São ineficazes os actos de execução praticados depois da notificação a que se refere o número anterior.

ARTIGO 67.°
(Responsabilidade)

Incorrem em responsabilidade criminal civil, nos termos da lei, todos aqueles que, depois de notificados ou que delas tenham conhecimento, não cumpram as decisões do tribunal que suspenderem a eficácia de um acto administrativo.

ARTIGO 68.°
(Alteração ou revogação de suspensão)

1. Em caso de alteração substancial das circunstâncias que sirvam de fundamento à decisão que ordenou a suspensão da eficácia do acto, pode a autoridade administrativa pedir ao tribunal onde pende o processo de recurso contencioso a revisão de tal decisão e a consequente alteração ou revogação da suspensão.

2. A suspensão ou revogação só é decretada, provando-se as alterações de facto indicadas e a que, em razão delas, a inexecução do acto está ou pode causar prejuízos graves à realização do interesse público do Estado.

3. Aplicam-se ao pedido de revisão as normas do artigo 64.° do presente diploma, com as necessárias adaptações.

TÍTULO IV
Acções derivadas de contratos Administrativos

ARTIGO 69.°
(Tramitação processual)

1. As acções derivadas de contratos administrativos regem-se, em geral, pelas normas do Código do Processo Civil que regulam o processo de declaração, na sua forma ordinária.

Legislação Contenciosa Administrativa Angolana 159

2. Seguem a forma de processo sumário regulado pelo mesmo Código, as acções de valor compreendido na alçada dos tribunais provinciais.
3. As acções podem ser intentadas a todo o tempo.

ARTIGO 70.º
(Reconversão)

Só é Admissível a reconversão nas acções derivadas de contratos de natureza administrativa, quando o pedido reconvencional tiver por fundamento factos jurídicos emergentes do contrato de que derivou a acção.

ARTIGO 71.º
(Arbitragem)

1. É proibida a arbitragem nas acções derivadas de contratos administrativos.
2. Exceptuam-se do disposto no número anterior as questões emergentes de contratos administrativos que revistam a natureza de contratos económicos internacionais, desde que se verifiquem os requisitos exigidos pelo artigo 99.º, n.º 2 e 5 do Código de Processo Civil.

ARTIGO 72.º
(Parecer do Ministério Público)

Não intervindo no processo em representação de nenhuma das partes, pode o Ministério Público dar o seu parecer sobre a decisão final a proferir pelo tribunal, quando o processo lhe for com vista depois de concluída em audiência a discussão do aspecto jurídico da causa.

ARTIGO 73.º
(Tramitação no Tribunal Supremo)

1. A tramitação processual das acções na Câmara do Cível e Administrativo do Tribunal Supremo é regulada pelas normas aplicáveis nos

160 *Direito do Contencioso Administrativo Angolano*

Tribunais Províncias, nos termos estabelecidos no artigo 69.°, n.° 1, com as necessárias adaptações e as alterações dos artigos seguintes.
2. É aplicável à tramitação processual o disposto no artigo 51.°, n.° 3 deste diploma.

ARTIGO 74.°
(Relator)

O Juiz Conselheiro a quem o processo couber por distribuição fica sendo relator, tendo na tramitação do processo e na condução e realização dos actos os poderes atribuídos ao juiz de direito dos tribunais províncias e competindo-lhe deferir todos os termos até final.

ARTIGO 75.°
(Julgamento)

O julgamento, tanto da matéria de facto como da matéria de direito, é feito e as decisões finais proferidas pelo tribunal colectivo constituído pelo relator e juízes adjuntos.

ARTIGO 76.°
(Vistos)

Sempre que o tribunal tenha de proferir decisões finais, o processo vai aos vistos dos juízes adjuntos, por 15 dias à cada um deles, salvo se o relator, em vista da simplicidade da questão, decidir reduzir aquele prazo ou dispensar os vistos

ARTIGO 77.°
(Reclamação para a conferência)

Aplica-se aos despachos do relator, que não sejam de mero expediente ou proferidos no exercício de poder discricionário, o disposto no n.° 3 do artigo 700 .° do Código do Processo Civil, com as necessárias adaptações.

Legislação Contenciosa Administrativa Angolana 161

ARTIGO 78.°
(Processos arquivados)

Depois de arquivado o processo, as funções do relator, sempre que seja necessário deferir, são exercidas pelo Presidente da Câmara do Cível e Administrativo.

TÍTULO V
Recursos das decisões jurisdicionais

CAPÍTULO XIII
Disposições Gerais

ARTIGO 79.°
(Lei aplicável)

1. Os recursos ordinários das decisões jurisdicionais proferidas em matéria de contencioso administrativo são regulados nos termos do presente diploma e, subsidiariamente, pelas disposições do Código do Processo Civil aplicáveis ao recurso de agravo, com as necessárias adaptações.

2. Os recursos interpostos para efeitos de uniformização de jurisprudência, os de revisão e de oposição de terceiros regem-se pelas disposições do Código do Processo Civil e da Lei n.° 20/88 , de 31 de Dezembro, na parte aplicável.

ARTIGO 80.°
(Competência)

1. Das decisões jurisdicionais em matéria de contencioso administrativo, cabe recurso:

a) das decisões dos tribunais provinciais, para a Câmara do Cível e Administrativo do Tribunal Supremo.

b) dos acórdãos proferidos pela Câmara do Cível e Administrativo funcionando como tribunal de primeira instância, para o Plenário do Tribunal Supremo.

162   *Direito do Contencioso Administrativo Angolano*

2. Não admitem recurso os acórdãos proferidos pelo Plenário do Tribunal Supremo, em matéria de impugnação dos actos administrativos do Presidente da Republica, Presidente da Assembleia Nacional, Chefe do Governo e Presidente do Tribunal Supremo.

ARTIGO 81.º
(Poderes dos tribunais de recursos)

Os Tribunais de Recurso reapreciam as causas sem restrições, conhecendo dos factos e do direito, podendo revogar, alterar ou anular, conforme ao caso couber, as decisões recorridas.

ARTIGO 82.º
(Diligência de prova)

1. Havendo necessidade de proceder a alguma diligência de prova para conhecer o recurso, procede-se do seguinte modo:

a) sendo o conhecimento do recurso da competência do Plenário, o processo baixa a Câmara do Cível e Administrativo, para que aí as diligências sejam efectuadas ou mandadas efectuar em conformidade com o disposto na alínea seguinte, com as necessárias adaptações;

b) sendo o conhecimento do recurso da competência da Câmara do Cível e Administrativo, esta pode determinar que as diligências sejam realizadas pelo relator ou que o processo baixe ao tribunal *ad quo* ou do outro tribunal provincial para mesmo fim.

2. A questão da necessidade de realizar diligências de prova pode ser levantada pelo relator antes dos vistos ou por qualquer juiz adjunto e será decidida em conferência.

3. Aplicam-se à produção de prova em instância de recurso as disposições do artigo 517 .º do Código do Processo Civil.

ARTIGO 83.º
(Alegações complementares)

1. Terminadas as diligências de prova, pode o relator, se assim o entender, conceder, primeiro ao recorrente e depois ao recorrido, prazo para alegações complementares.

2. O prazo para alegações complementares é sucessivo e nunca superior a oito dias para cada parte.

ARTIGO 84.º
(Legitimidade)

Podem interpor recurso das decisões ou acórdãos proferidos nos processos de contencioso administrativo

a) as partes ou intervenientes vencidos;
b) o Ministério Público;
c) as pessoas directas e efectivamente prejudicadas, nos termos do n.º 2 do artigo 68.º do Código do Processo Civil.

ARTIGO 85.º
(Prazo de interposição de recursos)

1. O prazo para interposição é de oito dias, a contar da data da notificação da decisão de que se recorre ou da data da sua publicação, em caso de revelia.

2. Havendo pedido de rectificação, aclaração ou reforma da decisão proferida, o prazo a conta-se da data em que for notificada a decisão proferida sobre tal pedido.

ARTIGO 86.º
(Forma de interposição do recurso)

1. O recurso é interposto por meio de requerimento dirigido ao juiz ou relator, fixando-se a entrada deste no tribunal a data da interposição.

164 *Direito do Contencioso Administrativo Angolano*

2. O recurso não é admitido quando a decisão é irrecorrível, tenha sido interposta fora do prazo ou por quem não tem legitimidade.

3. O juiz ou relator que admitir o recurso deve fixar-lhe o regime de subida e declarar-lhe o efeito.

ARTIGO 87.º
(Reclamação)

1. Não sendo o recuso admitido, pode o recorrente, no prazo de cinco dias a contar da notificação do despacho da decisão que não o admitir, reclamar para o Presidente do Tribunal Supremo, expondo as suas razões e indicando as peças de que pretende certidão.

2. A reclamação é autuada por apenso e este concluso ao juiz ou relatores para que mantenha o despacho ou o repare, admitindo o recurso.

3. Mantendo o juiz ou relator o despacho que não admitiu o recurso, a reclamação com as peças que o instruam é desapensado e remetido ao Presidente do Tribunal Supremo, no prazo de 48 horas.

ARTIGO 88.º
(Julgamento da reclamação)

Aplicam-se ao julgamento da reclamação o disposto no artigo 889.º do Código do Processo Civil, com as necessárias adaptações.

CAPÍTULO XIV
Recursos nas Acções Derivadas de Contratos Administrativos

ARTIGO 89.º
(Processamento)

Os recursos ordinários interpostos das decisões proferidas em acções derivadas de contratos administrativos são julgados de harmonia com as regras do processo civil aplicáveis ao recurso de agravo, estabelecidas nos artigos 734.° e seguintes do Código do Processo Civil, com as necessárias adaptações e sem prejuízo do disposto no presente diploma.

ARTIGO 90.°
(Prazo de vista)

1. Os prazos de vista do Ministério Público, aos juízes adjuntos e juiz relator, previstos no n.° 1 do artigo 752.° do Código do Processo Civil, são alargados para o dobro.

2. O Ministério Público só tem vista nos recursos em que não seja recorrente ou recorrido.

CAPÍTULO XV
Recursos nos Processos de Impugnação de Actos Administrativos

ARTIGO 91.°
(Recursos com súbita imediata)

1. Nos processos de impugnação de actos administrativos, sobem imediatamente os recursos das decisões:

a) que conheçam do mérito da causa ou que, não conhecendo do mérito, ponham termo ao processo;

b) que julgam o tribunal absolutamente incompetente;

c) através das quais um juiz se declare impedido ou indefira o impedimento oposto por alguma das partes;

d) proferidas depois da decisão que ponha termo ao processo.

2. Sobem também imediatamente os recursos cuja retenção os tornaria absolutamente inúteis.

3. Os recursos nos processos de impugnação sobem sempre nos próprios autos.

ARTIGO 92.°
(Recursos com subida diferida)

1. Os recursos das decisões interlocutórias não incluídas no artigo anterior apenas sobem com o recurso interposto de decisão que ponha termo ao processo.

2. Não sendo interposto recurso da decisão que ponha termo ao processo, ficam sem efeito todos os que com ele haveriam de subir.

ARTIGO 93.°
(Efeito do recurso)

1. Têm efeito suspensivo os recursos que sobem imediatamente.

2. Têm efeito meramente devolutivo todos os outros.

ARTIGO 94.°
(Alegações nos recursos com subida imediata)

1. Subindo o recurso imediatamente, as alegações de recorrentes são apresentadas no prazo de 20 dias, a contar da notificação do despacho que admitiu recurso, sob pena de este ser julgado deserto.

2. O recorrido pode responder e apresentar as suas alegações em igual prazo de 20 dias, que se contam do termo do prazo concedido ao recorrente.

ARTIGO 95.°
(Alegações nos recursos com subida diferida)

1.Tratando-se de recurso com subida diferida, os termos posteriores à notificação do despacho que o admitem ficam suspensos, sendo as alterações apresentadas com as do recurso da decisão que puser termo ao processo.

2. Se no recurso da decisão que pôs termo ao processo, o recorrente for o mesmo, cada uma das partes apresenta uma só alegação para todos os recursos.

Legislação Contenciosa Administrativa Angolana 167

3. Se o recorrente a que se refere o presente artigo for recorrido no recurso da decisão que pôs termo ao processo, deve, na resposta a que neste último apresentar, alegar em relação a todos, podendo a outra parte responder em igual prazo quanto a matéria dos recursos em que é recorrida.

ARTIGO 96.º
(Junção de documentos e pareceres exames do processo)

1. Com as alegações, podem ser juntos pareceres e os documentos que as partes só nesse momento tenham podido apresentar ou cuja junção se tenha tornado necessária em virtude da decisão proferida em primeira instância.

2. Durante os prazos para as alegações é efectuado às partes o exame do processo, podendo este ser confiado aos respectivos mandatários sem necessidade de despacho do juiz ou relator.

ARTIGO 97.º
(Despacho de sustentação)

1. Juntas as alegações e concluso o processo, pode o juiz sustentar a decisão recorrida ou esclarecer os respectivos fundamentos, mas, em nenhum caso revogá-la ou alterá-la devendo o processo ser sempre remetido à instância superior.

2. O disposto no número anterior não se aplica aos recursos interpostos de acórdãos da Câmara do Cível e Administrativo do Tribunal Supremo.

ARTIGO 98.º
(Normas aplicáveis ao julgamento)

1. Aplicam-se ao julgamento dos recursos interpostos das decisões proferidas em processo de impugnação de actos administrativos as disposições do Código do Processo Civil que regulam o julgamento do agravo, com as necessárias adaptações e sem prejuízo do que se estabelece no presente diploma.

168   *Direito do Contencioso Administrativo Angolano*

2. Os prazos de vista ao Ministério Público, aos juízes adjuntos e ao juiz relator previstos no artigo 752.° do Código do Processo Civil, são elevados para o dobro, nos termos do artigo 90.° deste diploma.

ARTIGO 99.°
(Âmbito do poder de cognição)

1. O tribunal de recurso conhece da globalidade da causa e reaprecia a decisão impugnada em toda a sua extensão, mesmo na parte favorável ao recorrente.
2. Nos casos em que o tribunal recorrido não conhece, por qualquer motivo, do mérito da causa, pode o tribunal de recurso fazê-lo, se entender que o motivo invocado não procede, que nenhum outro obsta ao julgamento e que o processo fornece elementos suficientes para tomar uma decisão.

CAPÍTULO XVI
Recursos de Decisões Relativas à Suspensão da Eficácia dos Actos Administrativos

ARTIGO 100.°
(Efeitos do recurso e regime de subida)

1. O recurso interposto das decisões que concedem a suspensão da eficácia dos actos administrativos impugnados tem efeito meramente devolutivo.
2. Os recursos sobem imediatamente e no apenso em que a decisão objecto de recurso foi proferida.

ARTIGO 101.°
(Prazo de interposição e forma)

1. O recurso é interposto no prazo de 8 dias e mediante requerimento, no qual o recorrente desde logo alegue, expondo as razões de facto e de direito por que recorre.

2. O recorrido pode apresentar as suas alegações e responder em prazo igual a contar da data em que for notificado da admissão do recurso.

ARTIGO 102.°*
(Processamento e julgamento do recurso)

1. Juntas ao processo as alegações ou decorrido o prazo concedido às partes para esse efeito, o processo é remetido, nas 48 horas seguintes, ao tribunal competente para conhecer do recurso, desde que o recorrente esteja isento das custas ou garantia, nos termos do artigo 135.° n.° 3, o pagamento, a final, das custas por que seja responsável

ARTIGO 103.°
(Disposições aplicáveis subsidiariamente)

Aplicam-se subsidiariamente as disposições que regulam o recurso das decisões proferidas nos processos de impugnação de actos administrativos, constantes deste diploma que se harmonizem com o carácter urgente do recurso previsto no presente capítulo.

TÍTULO VI
Recurso em processamento de transgressão administrativa

ARTIGO 104.°
(Processamento)

1. O recurso é interposto no prazo de 15 dias a contar da data em que o recorrente é notificado da aplicação da multa mediante requerimento

---

* Reproduzimos o artigo 102.°, tal como foi publicado no Diário da República. Constatamos, porém, três lapsos manifestos: em primeiro lugar, deverá considerar-se suprimido o "1", uma vez que o número 1 não tem sequência; em segundo lugar, presumimos que onde se lê "garantia" deverá ler-se "garanta"; finalmente, a remissão deverá considerar-se feita para o "artigo 137.° n.° 3" e não para o "artigo 135.° n.° 3", que não existe.

dirigido ao juiz do tribunal provincial competente ou da respectiva Sala do Cível e Administrativo.

2. No requerimento deve o recorrente, alegando desde logo, expor as razões e fundamentos do recurso e juntar documentos ou requerer as demais diligências necessárias a prova dos factos alegados.

3. O requerimento é entregue à autoridade administrativa que aplicou a multa, a qual pode, querendo, responder às alegações nos 8 dias seguintes e juntar documentos ou requerer as diligências de prova que entender convenientes.

4. O requerimento e a resposta são juntos ao auto de notícia, processo ou expediente com base no qual a multa foi aplicada.

5. Aplicam-se ao recurso judicial o disposto no artigos 20.°, n.° 1 e 2, da Lei n.° 10/87, de 26 de Setembro.

6. A entidade administrativa recorrida deve remeter o processo ao tribunal competente no prazo de 3 dias a contar do termo do prazo que lhe é concedido para responder ou, em caso de alterar a decisão, depois de findo o prazo a que se refere o n.° 2 do artigo 20.° da lei citada no número anterior.

ARTIGO 105.°*
(Julgamento)

1. Sempre que haja a produção de prova, é designada uma audiência de discussão e julgamento.

2. Os depoimentos são orais e o juiz pode ordenar as diligências de prova que entender necessárias à decisão do recurso, não estando vinculado à oferecida ou requerida pelas partes.

3. Nem o recorrente nem a autoridade recorrida ou o Ministério Público são obrigados a comparecer, podendo, no entanto fazer-se assistir ou representar o primeiro por advogado ou solicitar e a parte recorrida, pelo Ministério Público, por licenciado em direito que lhe presta assessoria jurídica ou por advogado constituído.

---

* Presumimos que no número 3, onde se lê "solicitar", deverá ler-se "solicitador". Presumimos também, ainda no mesmo número, que onde se lê "que lhe presta assessoria", deverá ler-se "que lhe preste assessoria".

4. As partes podem alegar oralmente, não podendo as alegações prolongar-se para além de 30 minutos, salvo se o juiz, atendendo à complexidade da questão, autorizar maior período de tempo.

5. Não havendo lugar a produção de prova, é notificado o recorrente para se pronunciar sobre os documentos junto pela autoridade recorrida e, em seguida vão os autos com vista por 5 dias ao Ministério Público para dar parecer sobre a decisão e suscitar as questões que entender pertinentes.

6. A decisão deve ser proferida pelo juiz no prazo de 15 dias a contar do encerramento da audiência ou da conclusão que, para esse efeito, lhe seja feita, na hipótese referida no número anterior.

7. Só é admissível recurso para a Câmara do Cível e Administrativo do Tribunal Supremo com fundamento em matéria de direito.

8. O recurso tem efeito suspensivo.

CAPÍTULO XVII

TÍTULO VII
Execução do caso julgado

SECÇÃO III
Execução contra o Estado

ARTIGO 106.°
(Execução espontânea)

Transitada em julgado a decisão judicial, o órgão da Administração do Estado ou a pessoa colectiva de direito público deve executá-la no prazo de 45 dias contados da data da respectiva notificação.

ARTIGO 107.°
(Requerimento do interessado ou do Ministério Público)

No caso de não ser espontaneamente executada, pode qualquer um dos demandantes ou o Ministério Público requerer ao Tribunal que notifique o demandado para que execute a decisão judicial.

ARTIGO 108.°
(Prazo para pedir a suspensão ou inexecução)

A entidade demandada pode, em vez de executar, pedir ao Tribunal, no prazo de 15 dias a partir da notificação a que se refere o artigo anterior, a suspensão da execução da decisão judicial ou a sua inexecução.

ARTIGO 109.°
(Pedido de suspensão)

1. O demandado pode pedir a suspensão da execução da decisão judicial por prazo não superior a seis meses, alegando grave prejuízo para a administração pública o facto da sua execução imediata.

2. O demandante é notificado do pedido de suspensão, podendo pronunciar-se sobre ele nos 8 dias seguintes.

3. A decisão do tribunal é proferida no prazo de 10 dias.

4. O pedido de suspensão não tem lugar quando a decisão condenar a entidade demandada no pagamento de uma quantia em dinheiro.

ARTIGO 110.°
(Inexecução da decisão)

1. A entidade demandada pode pedir ao tribunal a inexecução da decisão judicial, alegando:

a) a impossibilidade da sua execução;

b) a gravidade do prejuízo que dela deriva para o interesse público;

c) a verificação de circunstâncias de ordem, segurança e tranquilidade públicas que obstam à execução.

2. Aplica-se ao pedido de inexecução o estabelecido nos n.°s 1, 2 e 3 do artigo anterior, com as necessárias adaptações.

ARTIGO 111.°
(Comunicação ao Conselho de Ministros)

1. O Tribunal pode, antes de decidir, se o entender conveniente e

Legislação Contenciosa Administrativa Angolana 173

sempre que se trate de decisões proferidas em 1.ª instância pela Câmara do Cível e Administrativo do Tribunal Supremo, enviar ao Conselho de Ministros a resposta do demandado que tiver pedido a inexecução da decisão judicial ou comunicar-lhe que a entidade demandada não requereu a respectiva inexecução.

2. Entendendo o Conselho de Ministros que se verificam alguns dos fundamentos previstos no artigo 108.°, deve pronunciar-se no sentido da inexecução da decisão judicial e informar o tribunal da sua decisão, no prazo de 15 dias a contar daquele em que foi recebida no respectivo Secretariado a resposta da entidade demandada ou a comunicação do tribunal de que ela requereu a inexecução.

3. Se o Conselho de Ministros nada disser, deve entender-se que confirma o pedido de inexecução formulado pela entidade demandada ou, na falta de pedido, que se pronuncia pela ausência de qualquer fundamento legítimo de inexecução.

ARTIGO 112.°
(Falta de confirmação)

1. No caso de o Conselho de Ministros se pronunciar expressamente pela inexistência de fundamentos de inexecução, deve desde logo ordenar à entidade demandada que cumpra a decisão judicial, usando, sendo caso disso, dos meios coercivos previstos na lei para que a ordem seja cumprida.

2. No caso de o Conselho de Ministros nada disser à comunicação que o tribunal lhe fizer nos termos da parte final do n.° 1 do artigo 109.° pode o tribunal solicitar-lhe que proceda nos termos do número anterior.

ARTIGO 113.°
(Decisão sobre o pedido de inexecução)

1. Nas hipóteses previstas no artigo anterior, o Tribunal deve indeferir o pedido de inexecução formulado pela entidade demandada ou declarar simplesmente, conforme for o caso, que não se verifica nenhuma causa legítima de inexecução.

2. Confirmado, expressa ou tacitamente, pelo Conselho de Ministros o pedido da entidade demandada ou entendendo, pelas mesmas formas,

174 *Direito do Contencioso Administrativo Angolano*

que se verifica alguns dos fundamentos de inexecução, o tribunal toma a sua decisão tendo em atenção as razões alegadas pelas partes e a posição do Conselho de Ministros.

ARTIGO 114.º
(Prosseguimento da execução)

1. No caso de a entidade demandada não executar a decisão judicial, depois de notificada nos termos do artigo 105.º, pode o exequente requerer:

   a) que o processo prossiga como execução para pagamento de quantia certa, de harmonia com as disposições aplicáveis do Código de Processo Civil, quando se trata de decisão que tenha condenado a entidade demandada a pagar certa quantia;

   b) que se proceda à fixação da indemnização devida pelos prejuízos derivados da falta de execução ou da inexecução da decisão judicial e à conversão do pedido inicial em execução por quantia certa e à respectiva liquidação, quando se trate de qualquer outra decisão.

2. O requerimento deve ser apresentado dentro do prazo de dois anos, a contar da notificação a que se refere o artigo 105.º.

3. Tendo sido requeridas a suspensão da decisão judicial ou a sua execução, o prazo conta-se da data em que o exequente foi notificado das decisões que recaírem sobre os respectivos pedidos.

ARTIGO 115.º
(Valor a considerar na liquidação)

1. Na liquidação do pedido devem ser considerados:

   a) os prejuízos resultantes da não execução da decisão judicial;

   b) os juros devidos, desde a data de propositura da acção;

   c) as custas e encargos judiciais que o exequente suportou.

2. Tratando-se de acção de impugnação de acto administrativo, deve entender-se, salvo alegação e prova em contrário, que os prejuízos deriva-

Legislação Contenciosa Administrativa Angolana   175

dos da falta de execução da decisão judicial são equivalentes ao valor da acção nos termos do artigo 15.º do presente diploma.

ARTIGO 116.º
(Oposição a liquidação, termos subsequentes)

1. A entidade demandada é pessoalmente notificada para se opor à liquidação deduzida pelo exequente, podendo fazê-lo no prazo de 15 dias.

2. O Tribunal pode requisitar ou ordenar a apresentação de documentos, realizar outras diligências de prova e designar audiências para tentativas de conciliação, sempre que lhe afigure que é possível as partes chegarem a acordo sobre o montante da indemnização.

3. Concluído a instrução ou findo o prazo de oposição, o processo vai com vista por 5 dias ao Ministério Público, quando não for o exequente, para se pronunciar sobre a liquidação.

ARTIGO 117.º
(Decisão sobre o pedido de liquidação)

1. O tribunal deve, no prazo de 10 dias, proferir decisão, liquidando o pedido e fixando a quantia certa a pagar pela entidade demandada e ordenar-lhe que proceda à inscrição no seu orçamento da verba necessária à efectivação do pagamento.

2. Da decisão é dado conhecimento ao Ministro da Economia e Finanças.

3. No caso de a entidade demandada não proceder, no prazo de 45 dias, a inscrição no seu orçamento da verba necessária ao pagamento e não pagar a dívida exequenda, o processo prossegue, como execução para pagamento de quantia certa, nos termos regulados no Código de Processo Civil.

ARTIGO 118.º
(Tribunal da execução)

A fase de execução corre no tribunal onde a acção foi decidida em primeira instância, mas se esta for ao Tribunal Supremo, pode determinar-

176 *Direito do Contencioso Administrativo Angolano*

-se que a execução para pagamento de quantia certa ou que como tal tenha de prosseguir nos termos do n.º 3 do artigo anterior, baixe para esse efeito à Sala do Cível e Administrativo do Tribunal Provincial, à do Tribunal Provincial do domicílio de qualquer das partes ou de outro, conforme for achado conveniente.

SECÇÃO IV
Execução contra entidades particulares

ARTIGO 119.º
(Forma de execução)

1. A execução de decisões judiciais proferidas em acções derivadas de contratos administrativos requeridas por órgãos do Estado ou outras pessoas colectivas públicas contra entidades particulares seguem as formas de processo reguladas no Código de Processo Civil, sem prejuízo das disposições legais que, em especial, determinarem de forma diferente.

2. Aplica-se às execuções requeridas na Câmara do Cível e Administrativo do Tribunal Supremo o disposto no artigo anterior, com as devidas adaptações.

CAPÍTULO XVIII
Execuções Baseadas em outros Títulos Executivos

ARTIGO 120.º
(Normas aplicáveis)

Regem-se pelas normas constantes do capítulo anterior, com as necessárias adaptações, as execuções fundadas em títulos executivos diversos das sentenças, previstos nas alíneas b), c), e d) do artigo 46.º do Código do Processo Civil, a que seja aplicável com o processo contencioso administrativo.

Legislação Contenciosa Administrativa Angolana　　177

CAPÍTULO XIX
Execução das Multas Administrativas

ARTIGO 121.º
(Normas aplicáveis e competência)

1. A execução das multas aplicadas aos agentes de transgressões administrativas que não tenham sido pagas voluntariamente é, na fase judicial e sem prejuízo do que se dispõe no presente capítulo, regulada pelos preceitos aplicáveis à execução por custas previstas no artigo 139.º, com as necessárias adaptações e subsidiariamente, pelo Código das Custas Judiciais.

2. É competente para a execução o Tribunal Provincial da área em que a transgressão foi cometida ou a respectiva Sala do Cível e Administrativo.

ARTIGO 122.º
(Titulo executivo)

1. Constitui título executivo a certidão a que se refere o n.º 2 do artigo 22.º da Lei n.º 10/87, de 26 de Setembro.

2. A certidão deve, além de indicar a transgressão cometida, a multa aplicada e a parte dela ainda em dívida, identificar o transgressor responsável e, sendo o caso disso, os responsáveis solidários pelo respectivo pagamento.

ARTIGO 123.º
(Conversão da multa em trabalho socialmente útil)

1. O juiz pode, a requerimento do executado, converter a multa em trabalho socialmente útil e prestar ao Estado, a qualquer instituição de direito público e a organização ou pessoas de direito privado que prossigam fins não lucrativos, de assistência ou beneficência, educativos, humanitários ou outros de solidariedade social.

ARTIGO 124.º
(Suspensão e prosseguimento da execução)

1. A conversão da multa em prestação de trabalho suspende a execução e põe termo à penhora, se ela já tiver sido efectuada.
2. A execução prossegue, ficando sem efeito a conversão, sempre que o executado não cumpra ou não cumpra devidamente a prestação do trabalho.

TÍTULO VIII
Custas

ARTIGO 125.º
(Obrigação do pagamento de custas)

1. Os demandantes e os demandados são obrigados aos pagamentos de custas.
2. Estão isentos de pagamento de custas os órgãos da Administração Central e Local do Estado, as pessoas colectivas de direito público e o Ministério Público.

ARTIGO 126.º
(Não condenação em custas)

Nos processos de impugnação de actos administrativos, a parte demandada que vier declarar que não pretende intervir nos actos fica isenta do pagamento de custas.

ARTIGO 127.º
(Taxas de imposto de justiça na 1.ª instância)

1. Nos tribunais que julguem a causa em primeira instância, as taxas correspondentes a prestação de serviços de justiça são as constantes da tabela de taxas de justiça do contencioso administrativo, calculadas com base no valor da acção.

Legislação Contenciosa Administrativa Angolana 179

2. A tabela a que se refere o número anterior deve ser publicada no prazo de 30 dias, a contar da publicação do presente diploma no Dário da Republica, mediante decreto executivo conjunto dos Ministros da Justiça e das Finanças.

ARTIGO 128.º
(Redução para um quarto do valor das taxas)

1. As taxas são reduzidas a um quarto do valor estabelecido na tabela:

a) nas acções que findarem antes da contestação;
b) nas execuções que findarem antes do despacho que as mandar prosseguir como execução para pagamento de quantia certa.

2. Em caso de rejeição liminar, a taxa pode ser reduzida pelo tribunal até um décimo.
3. Se, no caso previsto na parte final da alínea b) do n.º 1, for deduzida oposição à liquidação, o tribunal pode, em função da complexidade da questão, elevar a taxa para metade da que é devida nos termos do artigo anterior.

ARTIGO 129.º
(Redução para metade do valor das taxas)

As taxas são reduzidas a metade do seu valor:

a) as acções que findarem depois da contestação e antes dos vistos ou da abertura da conclusão ao juiz para ele proferir a decisão final;
b) nas execuções não compreendidas na alínea b) do n.º 1 do artigo anterior.

ARTIGO 130.º
(Taxas nos tribunais de recurso)

1. Nos recursos das decisões judiciais proferidas pelo tribunal que

180   *Direito do Contencioso Administrativo Angolano*

julgue em primeira instância, a taxa de imposto de justiça é igual a metade do valor das estabelecidas na tabela a que refere o artigo 125.º.

2. Nos termos das decisões interlocutórias, a taxa é igual a um quarto dos valores constantes da mesma tabela, salvo se não subir por não ter sido interposto recurso da decisão final com que teriam de ser processados, caso em que não há lugar a custas.

3. Sendo recursos julgados desertos, a taxa é reduzida para um oitavo.

ARTIGO 131.º
(Taxa na reclamação do despacho que não admitir o recurso)

Na reclamação de despacho que não admitir o recurso, a taxa é de um oitavo dos valores afixados na tabela.

ARTIGO 132.º
(Taxa nos processos de suspensão da eficácia e nos incidentes)

A taxa, nos processos acessórios de suspensão da eficácia do acto, nos incidentes de intervenção de terceiros e em outros previstos na lei do processo, aplicáveis ao processo do contencioso administrativo, é determinada pelo tribunal entre um sexto e um terço do valor das constantes na tabela.

ARTIGO 133.º
(Conta de custas)

1. A conta de custas compreende:

a) as taxas correspondentes ao serviço de justiça prestado pelos tribunais, calculadas nos termos dos artigos anteriores;

b) os adicionais previstos na lei;

c) o imposto de selo;

d) os encargos.

Legislação Contenciosa Administrativa Angolana 181

2. Os encargos são constituídos pelos reembolsos devidos ao Cofre Geral de Justiça e à parte vencedora, a título de custas de parte, pelas remunerações aos peritos e às demais pessoas que acidentalmente intervirem no processo e pela procuradoria, despesas judiciais e outras previstas no Código das Custas Judiciais que sejam aplicáveis ao processo de contencioso.

3. Os encargos com as despesas feitas pelo tribunal em caso algum podem ser liquidados por quantias inferiores ao seu custo efectivo.

ARTIGO 134.º
(Procuradoria)

A parte vencedora que tenha sido representada no processo por advogado constituído tem o direito de receber a título de procuradoria, uma quantia que o tribunal deve fixar entre um quarto e metade da taxa do imposto de justiça devido pela parte vencida.

ARTIGO 135.º
(Honorários de representante oficioso)

1. Os honorários dos advogados nomeados oficiosamente nos termos do artigo 26.º são fixados pelo tribunal, em atenção à complexidade da causa, entre um terço da taxa aplicável, nos termos dos artigos 125.º a 130.º.

2. Os honorários aos advogados nomeados oficiosamente são pagos pelo Cofre Geral da Justiça, entram em regras de custas, mas não ficam dependentes do pagamento destas.

ARTIGO 136.º
(Preparos)

1. Às acções derivadas de contratos administrativos aplicam-se, em matéria de preparos, as disposições do Código das Custas Judiciais, com as adaptações devidas e sem prejuízo do que de especial se dispuser no presente diploma.

182 *Direito do Contencioso Administrativo Angolano*

2. Nos processos de impugnação de actos administrativos, as partes não isentas de custas pagam, na acção principal, nas execuções, nos recursos, nos processos de suspensão da eficácia dos actos e nos incidentes processados automaticamente, um preparo equivalente à 20% da taxa de imposto de justiça devido.

3. Na reclamação a que se refere o artigo 87.º, não são devidos preparos.

4. O prazo de pagamento dos preparos é de 10 dias, a contar da distribuição inicial ou da apresentação de articulado, contestação, oposição, resposta ou alegação de recursos ou após a notificação do despacho que o ordene, salvo para as partes que residem fora da sede do tribunal, para quem o prazo é de 20 dias.

5. As cominações legais pela falta de pagamento dos preparos são as previstas no Código das Custas Judiciais.

ARTIGO 137.º*
(Prazo de elaboração da conta)

1. Quando haja lugar ao pagamento de custas no termo do processo ou do incidente, a conta deve ser elaborada no prazo de 15 dias.

2. O prazo é de 8 dias quando tenha de subir em recurso e de 3 dias, sempre que se trate de recurso interposto de decisão proferida em processo de suspensão da eficácia.

3. No caso previsto na parte final do número anterior, o processo sobe à conta, no prazo do artigo 102.º, n.º 1, se o recorrente estiver isento de custas ou proceder ao depósito da quantia provável, fixada pelo juiz, das custas, os quais podem, querendo, deduzir reclamação no prazo de 5 dias.

---

* Constatamos dois lapsos manifestos no número 3 do artigo: em primeiro lugar, a remissão para o "artigo 102.º, n.º 1" deverá ser lida como remissão para o "artigo 102.º"; em segundo lugar, presumimos que onde se lê "os quais podem", deverá, antes, ler-se "o qual pode".

ARTIGO 138.º
(Vista e notificação da conta reclamação)

1. Elaborada a conta, é dada a vista a Ministério Público e notificado o responsável pelo pagamento das custas, os quais podem, querendo, deduzir reclamação no prazo de 5 dias.

2. O prazo reclamação é de 24 horas, no caso previsto na parte final, n.º 2 do artigo anterior.

ARTIGO 139.º
(Decisão da reclamação)

1. A reclamação da conta é decidida pelo juiz ou pelo relator no prazo de 5 dias.

2. Da decisão do juiz cabe o recurso, se o valor da dívida exceder a alçada do Tribunal e da decisão do relator cabe recurso para a conferência.

ARTIGO 140.º
(Pagamento voluntário)

1. Julgada a reclamação ou não tendo esta sido deduzida, o responsável pelas custas deve pagá-las no prazo de 20 dias, a contar da notificação de despacho que a decidiu ou da notificação da conta, conforme for o caso.

2. Quando o responsável residir fora da sede do tribunal, o prazo é acrescido com a dilação de mais 20 dias.

ARTIGO 141.º
(Execução por custas)

Esgotado o prazo para pagamento voluntário sem que as custas se mostrem pagas, é dada a vista ao Ministério Público para requerer a execução por custas, que corre por apenso ao processo principal, considerando-se desde logo devolvido ao exequente o direito de nomeação de bens à penhora.

ARTIGO 142.°
(Aplicação subsidiária do Código das Custas)

No que não estiver neste título, são de aplicar subsidiariamente as disposições do Código das Custas Judiciais em vigor, com as adaptações que se mostrarem necessárias.

TÍTULO IX
Disposições finais e transitórias

ARTIGO 143.°
(Aplicação transitória de taxas)

Enquanto não for publicada a tabela a que se refere o artigo 125.°, aplicam-se, a título transitório, as taxas do imposto de justiça do Código das Custas Judiciais aplicáveis aos processos correspondentes, equivalentes ou semelhantes aos previstos no presente diploma.

ARTIGO 144.°
(Resolução de dúvidas)

Compete ao Conselho de Ministros resolver, mediante decreto, as dúvidas que se levantarem na interpretação do presente diploma.

ARTIGO 145.°
(Entrada em vigor)

Este diploma entra em vigor 30 dias depois da sua publicação no Diário da República.

Visto e aprovado em Conselho de Ministros.

Publique-se.
Luanda, aos 2 de Agosto de 1995.
O Primeiro Ministro, *Marcolino José Carlos Moco.*
O Presidente da Republica, JOSÉ EDUARDO DOS SANTOS

ASSEMBLEIA NACIONAL

LEI N.º 8/96
de 19 de Abril*

A Lei n.º 2/94, de 14 de Janeiro veio permitir a impugnação contenciosa dos actos administrativos feridos de ilegalidade.

Há, entretanto, necessidade de, no âmbito do contencioso administrativo, acautelar interesses legítimos, quer dos cidadãos e outras entidades privadas, quer do Estado, que aquela lei não chegou a tutelar.

É o caso da suspensão de eficácia dos actos administrativos impugnados contenciosamente, medida justa e justificável sempre que da execução possam resultar prejuízos de difícil reparação e a suspensão não determinar lesão grave para o interesse do Estado.

O mesmo se diga das situações em que a execução imediata das decisões judiciais transitadas em julgado acarreta prejuízos consideráveis à Administração Pública e a execução tem de ser suspensa e, sobretudo, daquelas em que o Estado não pode mesmo executá-las ou por a execução material ser impossível ou por outras razões especiais, igualmente ponderosas e atendíveis.

Mas, não dando, em tais casos, o Estado execução às decisões do tribunal, é justo que indemnize os interessados pelos prejuízos que a inexecução de tais decisões venha a causar-lhes.

Assim, considerando as razões descritas.

Nestes termos e ao abrigo da alínea b) do artigo 88.º da Lei Constitucional, a Assembleia Nacional aprova a seguinte:

---

* Publicada no *Diário da República* n.º 16, I Série, de 19 de Abril.

LEI DE SUSPENSÃO DA EFICÁCIA DO ACTO ADMINISTRATIVO

ARTIGO 1.º
(Suspensão da eficácia do acto administrativo)

1. A eficácia dos actos administrativos impugnáveis por via contenciosa pode ser suspensa a requerimento dos interessados, como acto prévio à interposição de recurso contencioso ou juntamente com a interposição desse recurso.

2. A suspensão requerida só pode ser conhecida quando:

a) existir séria probabilidade de a execução do acto causar prejuízo irreparável ou de difícil reparação ao interessado;
b) não resultar da suspensão grave lesão de interesse público.

ARTIGO 2.º
(Suspensão da execução da decisão judicial)

1. Quando a imediata execução de uma decisão judicial transitada em julgado, preferida em matéria de contencioso administrativo, for susceptível de causar prejuízo grave para o Estado, pode o órgão da administração ou pessoa colectiva de direito público a quem caiba executá-la requerer ao tribunal a suspensão da sua execução, por um período máximo de seis meses.

2. Na disposição do número anterior não se incluem as decisões judiciais que condenem no pagamento de uma quantia em dinheiro.

ARTIGO 3.º
(Inexecução da decisão judicial)

1. A inexecução da decisão judicial transitada em julgado, proferida em matéria de contencioso administrativo, pode ser pedida ao tribunal que a proferiu, sempre que se verificar qualquer um dos seguintes fundamentos:

a) ser impossível a execução;
b) existir grave prejuízo para o interesse público;

Legislação Contenciosa Administrativa Angolana   187

c) existirem circunstâncias de ordem, segurança e tranquilidade pública que obstem à execução.

2. Aplica-se ao pedido de inexecução o disposto no n.º 2 do artigo anterior.

ARTIGO 4.º
(Indemnização em caso de inexecução)

1. Quando, tratando-se de decisão judicial que não condene no pagamento de uma quantia em dinheiro, o órgão do Estado ou a pessoa colectiva de direito público, para tanto notificada pelo tribunal, não executar a decisão judicial, o Estado constitui-se na obrigação de indemnizar o interessado pelos prejuízos que a inexecução lhes causar.
2. O disposto no número anterior é igualmente aplicável nos casos em que o tribunal declarar a inexecução requerida nos termos do n.º 1 do artigo 3.º.
3. O pedido de indemnização contra o Estado deve ser formulado, sob pena de caducidade no prazo de dois anos a contar da notificação do tribunal a ordenar a execução da decisão judicial transitada em julgado.

ARTIGO 5.º
(Liquidação da indemnização)

Na liquidação da indemnização devem ser considerados, além dos prejuízos resultantes da inexecução da decisão judicial, os juros devidos e as custas e encargos judiciais.

ARTIGO 6.º
(Dúvidas e omissões)

As dúvidas e omissões resultantes da interpretação e aplicação da presente lei são resolvidas pela Assembleia Nacional.

ARTIGO 7.º
(Regulamentação)

A presente lei deve ser regulamentada pelo Governo no prazo de 90 dias após a sua publicação.

ARTIGO 8.º
(Entrada em vigor)

A presente lei entra em vigor à data da publicação.

Vista e aprovada pela Assembleia Nacional.

Publique-se.

Luanda, aos 6 de Dezembro 1995.

O Presidente da Assembleia Nacional em exercício, *Lázaro Manuel Dias.*

O Presidente da Republica, José Eduardo dos Santos.

BIBLIOGRAFIA

ALMEIDA, MARIO AROSO DE, *A anulação de actos administrativos e relações jurídicas emergentes*, Colecção Teses, Almedina, 2000.

AMARAL, FREITAS DO, *Direito Administrativo*, Vol. IV, Lisboa, 1988.

ANDRADE, JOSÉ CARLOS VIEIRA DE, *A Justiça Administrativa (Lições)*, 6.ª Edição, Almedina, 2004.

BRITO, VLADIMIR, *Lições de Direito Administrativo II (Direito Processual Administrativo)*, Vol. I, Braga, 2003.

CADILHA, CARLOS ALBERTO FERNANDES, *Dicionário de Contencioso Administrativo*, Almedina, 2006.

CAETANO, MARCELLO, *Princípios Fundamentais do Direito Administrativo*, Almedina, 1996.

CANOTILHO, GOMES, *Direito Constitucional, Direito Constitucional e Teoria da Constituição*, 7ª Edição, Almedina, 2003.

CARVALHO, JÚLIA DE, *O Regime Jurídico do Despedimento em Angola*, Tese (não publicada), Lisboa, 1997.

CAUPERS, JOÃO, *Introdução ao Direito Administrativo*, 8ª Edição, Âncora Editora, 2005.

CHAMBULE, ALFREDO, *As Garantias dos Particulares*, Vol. I, Maputo, 2002.

COMBOIO, VALENTIM, O Direito do Trabalho em Angola, Tese (não publicada), Lisboa, 1997.

CORDEIRO, ANTÓNIO, *Garantias dos Administrados, In* Dicionário Jurídico da Administração Pública, Vol. IV, Lisboa, 1991.

CORREIA, SÉRVULO, *Legalidade e Autonomia Contratual nos Contratos Administrativos*, Coimbra, 1987.

CORREIA, SÉRVULO, *Direito Contencioso Administrativo*, Vol. I, Lex, 2005.

190   *Direito do Contencioso Administrativo Angolano*

DIAS, JOSÉ EDUARDO FIGUEIREDO & OLIVEIRA, FERNANDA PAULA, *Noções Fundamentais de Direito Administrativo*, Almedina, Coimbra, 2005.

FEIJÓ, CARLOS & PACA, CREMILDO *Direito Administrativo – Introdução e Organização Administrativa*, Vol. I, 2ª Edição, Vislis, Lisboa, 2008.

FEIJÓ, CARLOS, *Comentário ao primeiro Acórdão do Tribunal Supremo, em matéria do Contencioso Administrativo: o caso CONFABRIL*, Revista da Ordem dos Advogados de Angola, n.º 2, 1999.

FEIJÓ, CARLOS, *Procedimento e Contencioso Administrativo*, Texto e Legislação, A.A.V.V. Ministério da Administração Pública, Emprego e Segurança Social, 1999.

FERREIRA, RUI, *A Democratização e o Controlo dos Poderes Públicos nos Países da África Austral*, Dissertação de Mestrado, Coimbra, polic. 1995.

GARCÍA DE ENTERRÍA, EDUARDO & FERNÁNDEZ, TOMÁS-RAMÓN, *Curso de Derecho Administrativo*, Volume 1, 6ª edição, Civitas, Madrid, 1993.

GARCIA, MARIA DA GLÓRIA DIAS, *Da Justiça Administrativa em Portugal. Sua evolução e origem*, Universidade Católica Editora, Lisboa, 1994.

GONÇALVES, PEDRO, *A justiciabilidade dos litígios entre órgãos da mesma pessoa colectiva pública*, Caderno de Justiça Administrativa (CJA), N.º 35.

GONÇALVES, PEDRO, *Relações entre as Impugnações Administrativas Necessárias e o Recurso Contencioso de Anulação de Acros Administrativos*, Almedina, 1996.

GUEDES, ARMANDO MARQUES, FEIJÓ, CARLOS, *et al.*, *Pluralismo e Legitimação – A Edificação Jurídica Pós-Colonial de Angola*, Almedina – Coimbra, 2003.

HERTEGEN, JEAN-FRANÇOIS, *A Utilidade de uma Jurisdição Administrativa, In* Revista Jurídica da Faculdade de Direito da Universidade Eduardo Mondlane, Volume IV, 2000.

LEITÃO, ALEXANDRA, *Algumas questões a propósito da acção administrativa especial*, Cadernos de Justiça Administrativa (CJA), N.º 47.

MARQUES, LUÍS PAULO MONTEIRO, *Labirinto do Sistema Judicial Angolano, Notas para a sua compreensão*, Edição do autor, 2004.

MATEO, RAMÓN MARTÍN, *Manual de Derecho Administrativo*, 23ª Edição, Thomoson – Aranzadi, 2004.

MIRANDA, JORGE, *In* Polis, *O acto de Governo*, Vol. 3.

NETO, ANTÓNIO PITRA, *A Lei da impugnação dos actos administrativos, Notas e*

Bibliografia

Comentários, *In* Procedimento e Contencioso Administrativo, Texto e Legislação, A.A.V.V. Ministério da Administração Pública, Emprego e Segurança Social, 1999.

NOVAIS, JORGE REIS, *A separação de poderes e limites da competência legislativa da Assembleia Nacional*, Lex, Lisboa, 1997.

OTERO, PAULO, *Legalidade e Administração Pública – O Sentido da Vinculação Administrativa à Juridicidade*, Almedina, 2003.

PACTEAU, BERNARD, *Contentieux Administratif*, Paris, 1985.

PIÇARRA, NUNO, A *separação dos poderes como doutrina e princípio constitucional – um contributo para o Estudo das suas origens e evolução*, Coimbra Editora, 1989.

PINTO, FERNANDO BRANDÃO FERREIRA – FONSECA, GUILHERME FREDERICO DIAS PEREIRA DA, *Direito Processual Administrativo Contencioso (Recurso Contencioso)*, 3ª Edição actualizada, Elcla Editora, 1996.

RAMOS, VASCO GRANDÃO *Direito Processual Penal, Noções Fundamentais*, Ler & Escrever, Luanda, 1995.

SILVA, VASCO PEREIRA DA, *Em Busca do Acto Administrativo Perdido*, Almedina, Coimbra, 1998.

SILVA, VASCO PEREIRA DA, *inter alia, Novas e Velhas Andanças do Contencioso Administrativo – Estudos sobre a Reforma do Processo Administrativo*, AAFDL, Lisboa, 2005.

SILVA, VASCO PEREIRA DA, *Para Um Contencioso Administrativo dos Particulares – Esboço de Uma Teoria Subjectiva do Recurso Directo de Anulação*, Almedina, Coimbra, 1989.

SOUSA, CAETANO DE, *In Instituições Judiciais em Angola*, Relatório de Mestrado, apresentado no 2.º Curso, Universidade Agostinho Neto, 2004.

SOUSA, MARCELO REBELO DE, *Lições de Direito Administrativo*, 2ª Edição, Lex Editora, 1999.

SOUSA, MARCELO REBELO DE & MATOS, ANDRÉ SALGADO DE, *Direito Administrativo Geral – Introdução e Princípios Fundamentais*, Tomo I, Dom Quixote, 2004.

TEIXEIRA, CARLOS, *As garantias de defesa do cidadão perante a Administração Pública*, Luanda, polic. 1998.

THEMIS, Revista da Faculdade de Direito da Universidade Nova de Lisboa, Ano II, N.º 3, 2001.

Turpin, Dominique, *Contentieux Administratif*, Hachette, 1994.

Varela, Antunes, Bezerra, J. Miguel & Nora, Sampaio e, *Manual de Processo Civil*, Coimbra, 2ª Edição, 1985.

Zippelius, Reinhold, *Teoria Geral do Estado*, 3ª Edição, Fundação Calouste Gulbenkian, 1997.

ÍNDICE

Prefácio 5
Nota Prévia 7
Abreviaturas 13

PARTE I

CAPÍTULO I
Direito do Contencioso Administrativo

1. Direito do Contencioso Administrativo 17
   1.1. Noção 17
2. Garantias administrativas ou procedimentais 19
   2.1. Garantias petitórias 20
   2.2. Garantias impugnatórias 23
      2.2.1. Reclamação 24
      2.2.2. Recurso hierárquico 28
      2.2.3. Recurso hierárquico impróprio 33
      2.2.4. Recurso tutelar 34
3. Garantias jurisdicionais 35

PARTE II

CAPÍTULO II
Sistemas e função do contencioso administrativo

4. Sistemas organizativos e processuais 41

194   *Direito do Contencioso Administrativo Angolano*

CAPÍTULO III
Sistema de justiça administrativa angolana

5. Contencioso administrativo angolano 47
   5.1. Sistema processual do contencioso administrativo 47
   5.2. Sistema processual do contencioso administrativo angolano 64
6. Jurisdição Administrativa – âmbito e limites 66
   6.1. Limites da jurisdição administrativa angolana 67
      6.1.1. Limites materiais 67
      6.1.2. Limites funcionais 68

PARTE III

CAPÍTULO IV
O Processo Contencioso Administrativo

7. Meios de impugnação contenciosa 71
   7.1. O contencioso na sua acepção processual 73
8. Formas do processo contencioso administrativo 74

CAPÍTULO V
Princípios gerais do processo contencioso administrativo

9. Princípios do processo administrativo 77
   9.1. Princípios relativos à promoção processual 77
   9.2. Princípios relativos ao âmbito do processo ou da neutralidade judicial 78
      9.2.1. Princípio da vinculação do juiz ao pedido 78
      9.2.2. Princípio da limitação do juiz pela causa de pedir 79
      9.2.3. Princípio da estabilidade objectiva da instância 80
   9.3. Princípios relativos à tramitação do processo 80
      9.3.1. Princípio da tipicidade da tramitação processual 80
      9.3.2. Princípio do dispositivo 81
      9.3.3. Princípio do contraditório 81
   9.4. Princípios relativos à instrução processual 82
      9.4.1. Princípio da investigação 82
      9.4.2. Princípio da limitação dos meios de provas 82
      9.4.3. Princípio da repartição do ónus da prova objectivo 82
   9.5. Princípios relativos às formas processuais 83

CAPÍTULO VI
O recurso contencioso de anulação

10. Conceito	85
10.1. Elementos do recurso contencioso	87
10.2.1. Elementos subjectivos	87
10.2.2. Elementos objectivos	88

CAPÍTULO VII
Pressupostos Processuais

11. Noção	91
11.1. Tipos de pressupostos processuais	91
11.1.1. Pressupostos relativos ao tribunal	92
11.1.2. Competência do Tribunal	92
11.2. Pressupostos processuais relativos às partes	94
11.2.1. Personalidade judiciária	94
11.2.2. Capacidade judiciária	95
11. 2.3. Patrocínio judiciário	95
11. 2.4. Legitimidade das partes	96
11.2.4.1. Legitimidade activa	96
11.2.4.2. Legitimidade passiva	98
11.2.4.3. Legitimidade dos assistentes	99
11.3. Pressupostos processuais relativos ao processo	99
11.3.1. Recorribilidade	99
11.3.2. Oportunidade do recurso	102
11.4. Pressupostos inominados	104
11.4.1. Aptidão da petição inicial	104
11.4.2. Cumprimento das obrigações fiscais	105
11.4.3. Litispendência	105

CAPÍTULO VIII
A tramitação processual administrativa

12. A dinâmica do processo administrativo	107
12.1. Fase da dedução da petição inicial	107

196　　　*Direito do Contencioso Administrativo Angolano*

12.2. Fase da contestação 109
12.3. Fase da produção da prova 111
12.4. Fase das alegações 111
12.5. Fase da vista final ao Ministério Público e do julgamento 112

CAPÍTULO IX
A Sentença no Recurso Contencioso

13. A sentença e a sua execução 115

CAPÍTULO X
A tutela cautelar do acto administrativo

14. A suspensão da eficácia do acto administrativo 121
14.1. Momento e forma do pedido 122
14.2. Autuação e tramitação do requerimento 122

LEGISLAÇÃO CONTENCIOSA ADMINISTRATIVA ANGOLANA

LEI DA IMPUGNAÇÃO DOS ACTOS ADMINISTRATIVOS
Lei n.º 2/94, de 14 de Janeiro 127

REGULAMENTO DO PROCESSO CONTENCIOSO ADMINISTRATIVO
Decreto-Lei n.º 4-A/96, de 5 de Abril 135

LEI DE SUSPENSÃO DA EFICÁCIA DO ACTO ADMINISTRATIVO
Lei n.º 8/96, de 19 de Abril 185

Bibliografia 189